Peter Krebs

Zwei Raummodelle

Grundtypen zur
Raumbildung in der
Architektur

avedition

Inhaltsverzeichnis

Einleitung

Der Akt des Bauens hat ursprünglich die Abgrenzung eines Teilraums in der unendlichen Weite des Naturraums zum Ziel. Zunächst geht es darum, eine Behausung zu schaffen, die vor Witterung schützt. Aber genauso wichtig wie der Witterungsschutz ist die Schaffung eines begrenzten Raums, der nicht nur Blickschutz und Privatheit ermöglicht, sondern der Weite der Natur eine Begrenzung gegenübersetzt. Diese ist in ihrer Dimension endlich und gibt allen Handlungen, die diesseits und jenseits der Begrenzung stattfinden, einen räumlichen Bezug. Durch die begrenzenden Bauteile erhält der Handlungs- und Bewegungsraum einen überschaubaren Rahmen. Stadträume etwa schützen kaum vor Witterung, sondern geben den Handlungen einer großen Gemeinschaft einen solchen räumlichen Rahmen. Genauso erfordern die von der Natur abgegrenzten Räume meist in der Differenzierung unterschiedlicher Handlungen verschiedener Menschen oder Menschengruppen weitere Unterteilungen. Ausgehend von den Grundelementen der Raumbildung wird im Folgenden die grundsätzliche Frage nach der Anordnung und Verbindung von Räumen in einem Gebäude gestellt. Sie stellen den ‚genetischen Code' einer baulichen Anlage dar, ist doch die Raumstruktur noch vor räumlichen Kriterien wie beispielsweise Proportion, Materialität, Oberfläche, Farbigkeit und Lichtführung gestaltprägend. In einer Raumstruktur werden die Bezüge der Teilräume zueinander festgelegt und ebenfalls auch die Bezüge nach außen vorgegeben.

Im Zentrum der nachfolgenden Betrachtungen stehen zwei gegensätzliche Modelle einen abgegrenzten Raum zu unterteilen. Aus beiden Modellen lassen sich in einem weiteren Schritt gestaltprägende Grundtypen der Raumbildung ableiten. Ihre Qualitäten werden in der Abstraktion der Grundrissdarstellung am prägnantesten deutlich. Entwurfsbeispiele im Anhang stellen einen Bezug zur Raumgestalt und zu Nutzungsmodellen her. Räumliche

Modelle eignen sich nicht nur zum Verständnis komplexer Raumstrukturen, sondern häufig liegt in der reinen Umsetzung eines Modells ohne Überlagerung mit anderen Modellen auch eine besonders große gestalterische Kraft. Raumstrukturen werden in Entwürfen häufig allein als Ergebnis eines Funktionsdiagramms hergeleitet, das baulich unmittelbar umgesetzt wird. In der Regel erlauben Raumprogramme aber eine sehr viel größere Varianz an Anordnungen und räumlichen Verknüpfungen, als häufig angenommen wird. Gerade deshalb dürfen Raumstrukturen nicht nur als Ergebnis funktionaler Überlegungen etwa durch räumliche Zuordnung, Erschließung und Belichtung verstanden werden, sondern werden nachfolgend besonders unter raumgestalterischen Überlegungen untersucht. Man kann vor dem Hintergrund eines vorgegebenen Raumprogramms auch die Frage stellen, welches Modell der Raumanordnung für eine konkrete Nutzung das größte Potential besitzt und im Anschluss Programm und Raummodell einander annähern. Nicht allein das Programm bestimmt die Räume, sondern umgekehrt können auch Raumstrukturen mit ihrem jeweiligen Potential ein inhaltliches Programm befruchten. Etwa bei der Umnutzung von Bestandsbauten ist dies ein maßgebliches Phänomen.

Zu der Frage nach dem Thema ‚Raum‘ in der Architektur sind gerade in den zurückliegenden Jahren zahlreiche Texte veröffentlicht worden.[1] Als Resultat des Bauens entstehen immer Innen- und Außenräume mit ihren jeweiligen Qualitäten, die meist zusammenfassend mit dem etwas unscharfen Begriff der ‚Atmosphäre’ benannt werden. Der gebaute Raum ist das Resultat vieler Einzelentscheidungen im Entwurf und kann im Ergebnis als Synthese dieser Entscheidungen verstanden werden. Grundlegende Fragen der Raumqualität wie beispielsweise Proportion, Oberflächenqualität oder Lichtführung sollen nachfolgend nicht weiter erörtert werden. Stattdessen wird die Raumwahrnehmung fokussiert auf die Beziehung zwischen Räumen, die durch die Bewegung im Raum sowie durch Blickbeziehungen zwischen Innenräumen oder zwischen Innen- und Außenräumen erfahren wird. Schließlich wird eine Raumfolge aber nicht nur durch singuläre Eindrücke unterschiedlicher Standorte bestimmt. Ebenfalls entsteht durch die Bewegung in Raumfolgen im Kopf ein Modell der räumlichen Gesamtsituation. Dieses ergänzt die tatsächlichen visuellen oder haptischen Eindrücke durch ein geistiges Abbild der Raumstruktur.

Im Folgenden wird insbesondere bei den Elementen der Raumbildung immer wieder auf die Architekturtheorie des niederländischen Architekten Dom Hans van der Laan (1904–1991) Bezug genommen, der mit seiner Schrift „Der Architektonische Raum" eine der wenigen umfassenden Architekturtheorien des 20. Jahrhunderts zum Thema ‚Raum' verfasst hat und auf den sich viele Abhandlungen zu diesem Thema in den letzten Jahren bezogen haben.[2] Im Schlußkapitel wird der Versuch einer kritischen Würdigung dieser Schrift unternommen. Im Anschluss an die Raummodelle werden Projektbeispiele aus der eigenen Arbeit gezeigt und mit wenigen Zeichnungen überblickartig dargestellt, um eine Umsetzung der ausgeführten Überlegungen in der Praxis zu illustrieren. Den Grundrissen der Projekte werden Darstellungen der resultierenden Räume gegenübergestellt. Ausführlichere Projektdarstellungen sind unter der Webseite www.krebs-arch.de einsehbar. Grundlage der vorliegenden Schrift ist eine Vorlesungsreihe, die vom Verfasser 2011 und 2012 an der Hochschule für Technik in Stuttgart gehalten wurde.

Zwei Raummodelle

Ein umschlossener Raum wird auf quadratischem Grundriss dargestellt. Er kann auf zwei prinzipielle Weisen in zwei Raumteile unterteilt werden: Im ersten Beispiel trennt eine Wandscheibe den Raum in zwei Räume, die im vorliegenden Beispiel gleich groß sind und in ihrer Lage zum Ausgangsraum gleichwertig nebeneinander angeordnet sind. Die Qualität beider Teilräume ist gleich. Sie unterscheiden sich aber in ihrer Gestalt von derjenigen des Ursprungsraums. Ihre Anordnung entspricht dem Prinzip der Reihung. Sie wird im folgenden als Additive Raumordnung bezeichnet.[3] Im zweiten Beispiel erfolgt die Teilung durch Einstellung eines Raums ähnlicher Form, aber geringerer Größe in den Ursprungsraum. Es entstehen zwei Teilräume, die hinsichtlich ihrer Form, aber auch hinsichtlich ihrer Lage zueinander kaum unterschiedlicher sein könnten: Zwei räumliche Schichten bilden gegenüber dem Außen eine hierarchische Raumfolge. Innen und Außen wird durch die Abstufung der Raumringe thematisiert. Während die Außenwände Teil des äußeren Raumteils sind, hat der Innere keinen unmittelbaren Kontakt mehr zur Außenwand. Diese Anordnung wird im Folgenden als Integrative Raumordnung bezeichnet. Auch ihre Qualität könnte kaum unterschiedlicher sein: Ein Raumteil ist in seiner Form ähnlich zum Ursprungsraum, während der zweite Raum aus vier Teilräumen besteht, die nie im Zusammenhang gesehen werden können und eine unendliche kreisförmige Bewegung um den zentralen Raum ermöglichen. Innen und Außen, Kern und Ring, Ruhe und Bewegung sind Gegensatzpaare, die diese räumliche Situation beschreiben. Erzeugt die Teilung im ersten Beispiel durch die Reihung eine Situation größtmöglicher Gleichheit, so erzeugt sie im zweiten Beispiel eine hierarchische Situation größtmöglicher Gegensätzlichkeit. Dem Prinzip der Repetition steht das Prinzip des Komplementären gegenüber. Beide Situationen bilden Grundmodelle für räumliche Verknüpfungen, deren jeweiliges Potential für Grundrisstypologien nachfolgend aufgezeigt werden soll.

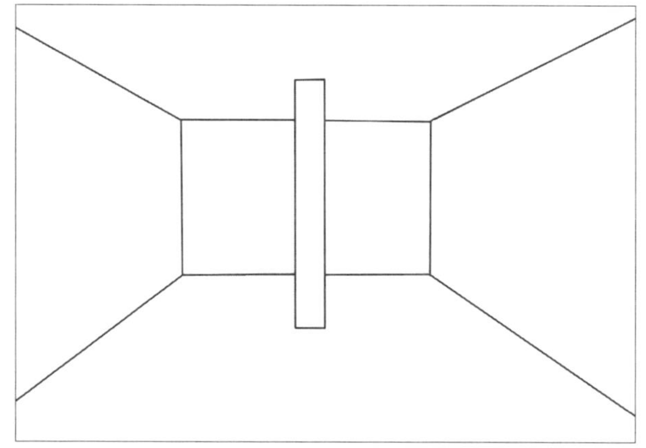

Der Grundriss

Ein Grundriss reduziert eine räumliche Situation auf eine zweidimensionale Darstellung. In dieser Abstraktion auf einen horizontalen Schnitt wird Wesentliches gezeigt und unter dem Aspekt der räumlichen Verknüpfungen weniger Wichtiges wie die Raumhöhen ausgeblendet. Ein räumliches Gefüge kann im Grundriss besonders gut beurteilt werden. Vertikale Schnittdarstellungen können in ihrer Zweidimensionalität den Grundriss um wesentliche Informationen zur geometrischen Beschaffenheit des Raums ergänzen. Eine räumliche Darstellung ist dagegen immer standpunktbezogen und damit subjektiv. Die perspektivischen Verzerrungen erlauben nur eingeschränkt eine Beurteilung beispielsweise der Raum- und der Bauteilproportionen. Besser als eine Grundrissdarstellung kann die räumliche Darstellung dagegen alle Einflussfaktoren einer Raumwirkung im Zusammenhang und damit als Ergebnis auch die Gesamtwirkung sichtbar machen. Dazu zählen die Beziehungen der Elemente untereinander oder gegebenenfalls die Lichtführung sowie die Qualität der Oberflächen. Aber besonders als Entwurfswerkzeug werden Grundriss- und Schnittdarstellungen nie durch dreidimensionale Entwurfswerkzeuge vollständig ersetzt werden können. Im Gegenteil wird die Grundrissdarstellung bewusst zur nachfolgenden Darstellung der Raummodelle gewählt, um den Aspekt der Raumbeziehungen zu fokussieren.

Elemente der Raumbildung

Der Pfeiler

Ein Pfeiler, der als stabförmiges Element frei auf einer unendlich weiten Ebene steht, wird im Grundriss dargestellt. Der Pfeiler kann als elementarstes raumbildendes Bauteil verstanden werden. Er ist hoch im Verhältnis zum Querschnitt und erhält dadurch seine stabförmige Proportion. Er hat einen rechteckigen Querschnitt gegenüber der Säule mit rundem Querschnitt. Seine Entsprechung in der Natur hat der Pfeiler wie die Säule im Baumstamm. Er wird nicht als tragendes Bauteil eingeführt, als welches er in der Regel Teil eines konstruktiven Gefüges ist, sondern freistehend als allein räumlich wirksames Element. Im unendlichen Raum teilt er nicht ab, sondern bildet einen räumlichen Bezugspunkt, der eine Orientierung ermöglicht und den eigenen Standort in der horizontalen Ebene durch den Abstand zum Pfeiler definiert. Eine Säule mit rundem Querschnitt ist richtungslos. Dagegen begründet der Pfeiler mit seinem rechteckigen Querschnitt in der Nahsicht bereits ein orthogonales Koordinatensystem zur weiteren Orientierung.

Die Pfeilerreihe

Eine Reihung mehrerer Pfeiler steht frei auf einer Ebene. Durch den räumlichen Zusammenhang der Pfeiler untereinander wird eine Richtung begründet. Die Reihung teilt die Ebene mit unendlicher Ausdehnung in zwei Teile, würde man die Reihe in beide Richtungen gedanklich ins Unendliche fortsetzen. Durch die Zwischenräume der Pfeilerreihe sind aber beide Raumteile der Ebene noch sichtbar miteinander verknüpft. Durch die Pfeilerreihe wird eine imaginäre Fläche aufgespannt, die orthogonal zur Ebene steht. Der Abstand der Pfeiler untereinander ist gleichbleibend. Er gibt dieser durchlässigen Fläche durch den Rhythmus der Anordnung bereits eine charakteristische Gestalt.

Die Wand

Eine Wandscheibe steht frei auf einer Ebene. Die Wand kann in Fortführung der bisherigen Systematik als Pfeilerreihe mit geschlossenen Zwischenräumen verstanden werden. In der Regel wird sie aber als eigenständiges, zur Raumbildung grundsätzliches Bauteil verstanden, das als Scheibe wahrgenommen wird wegen der im Verhältnis zu Höhe und Länge geringen Breite. Trotzdem soll betont werden, dass sie aufgrund der Breitenausdehnung als Bauteil auch ein Volumen besitzt. Sie teilt zwei Raumbereiche voneinander ab. Im Fall der Ebene mit unendlicher Dimension könnte man sie wieder gedanklich in beide Richtungen verlängern. Die durch eine Wand bedingte Trennung ist absolut, das heißt, es gibt weder eine Sicht- noch eine Durchgangsmöglichkeit zwischen zwei voneinander getrennten Bereichen. Wie der Pfeiler ist die Wand in Gebäuden in der Regel ein wichtiger Bestandteil nicht nur des räumlichen, sondern auch des konstruktiven tektonischen Gefüges. Die beiden großen Flächen, die das Volumen der Wand nach außen abschließen, können von diesem getrennt betrachtet werden. Das Volumen selbst wird durch das konstruktive Gefüge der Wand gebildet. Es gibt Definitionen, die nur die beiden Oberflächen des Bauteils, die den Raum begrenzen, als Wand bezeichnen. Im Folgenden soll aber das gesamte Bauteil einschließlich Oberflächen und konstruktivem Gefüge als Wand bezeichnet werden, so wie auch van der Laan den Begriff der Wand benutzt. Für ihn ist die Oberfläche zwingend als zum Volumen der Wand zugehörig zu verstehen.[4]

Der Block

Vier Wandscheiben bilden einen Block. Es entsteht ein geschlossenes Volumen, bei dem die äußere Ausdehnung in drei Richtungen ähnlich ist im Gegensatz zu denjenigen der Wandscheibe und des stabförmigen Pfeilers. Die vier Wandscheiben ‚verschmelzen' im Block zu einer eigenen Form und sind nicht mehr eindeutig als einzelne Elemente erkennbar. Das Volumen des Blocks verrät von außen nicht, wie es im Inneren aussieht, solange es keine Öffnungen gibt. Es könnte ausgefüllt oder hohl sein. Entscheidend ist, dass ein räumlich wirksamer Block im Inneren wiederum einen Hohlraum besitzen kann.

Die Öffnung

Eine wandhohe Öffnung teilt die Wandscheibe in zwei getrennte Scheiben. Wie der Raum zwischen zwei Pfeilern einer Reihung entsteht eine Öffnung als Zwischenraum zwischen Wandscheiben. Ist die Höhe geringer oder gibt es sogar eine Brüstung, ist die ursprüngliche Wandfläche wieder erkennbar, um so deutlicher, je geringer die Höhe der Öffnung im Verhältnis zur Wandhöhe ist. Die Öffnung ermöglicht die Grenze der Wand zu durchschreiten und dadurch Raumteile zu verbinden. Sie ermöglicht den Blick aus einer Raumeinheit in den jenseitigen Raum. Sie lässt Licht in einen vollkommen abgeschlossenen Raum fallen und ermöglicht schließlich die Erfahrung der Wandstärke. Nach van der Laan ist die Öffnung auch ein wichtiges gestalterisches Element zur Gliederung von Wandflächen.[5]

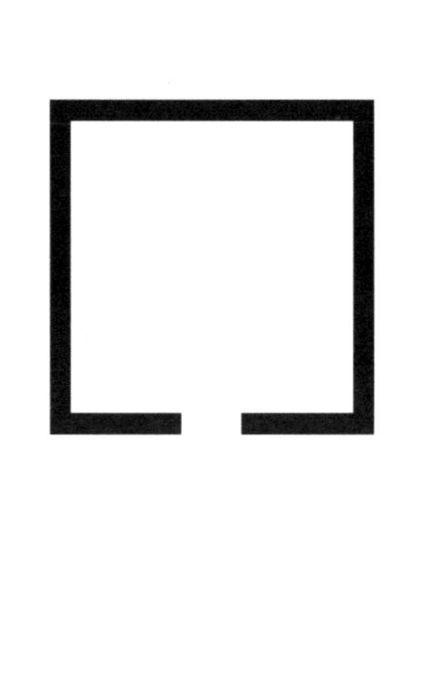

Raumbildung: Das Gefäß

Der vierseitig umschlossene Raum ist der Inbegriff eines von der Außenwelt abgeschlossenen Raums – zumal, wenn er auch mit einer Deckenplatte nach oben begegrenzt ist. Lediglich eine Eingangsöffnung bildet eine Verbindung zwischen Innen und Außen. Die vier Außenwände verbinden sich zu einer Form, die als ‚Gefäß' bezeichnet werden kann. Es bleibt die Frage, ob zur Raumbildung diese umfassende Abgrenzung notwendig ist oder ob auch eine kleinere Intervention ausreicht, um einen Raum zu bilden und zu definieren.

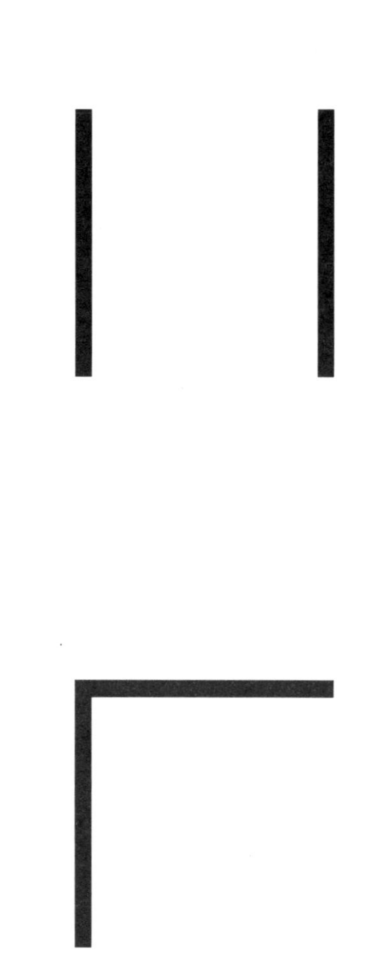

Raumbildung: Der Zwischenraum

Ein eigenständiger Raum mit Abgrenzung zum Außenraum entsteht nach van der Laan bereits, wenn sich zwei Wandscheiben gegenüberstehen.[6] Der abgegrenzte Raum ist in beide Richtungen eindeutig definiert. Der Zwischenraum sollte kleiner sein als die Längsausdehnung der Scheiben. Das in der oberen Abbildung gezeigte Beispiel stellt einen Grenzfall dar, bei dem der lichte Abstand fast der Länge der Wände entspricht. Eine Decke zur Begrenzung nach oben ist nicht notwendig, um von einem gefassten, eindeutig definierten Raum zu sprechen. Zwei übereck gestellte Wandscheiben bilden einen Sonderfall der Raumbildung. Ohne einen Pfeiler als räumliches Element in der offenen Ecke bilden sie noch keinen eindeutigen Raum. Man könnte allenfalls die fehlende Raumecke gedanklich ergänzen. Die orthogonal gestellten Wandscheiben teilen in der unendlichen Weite einen Raum in zwei Richtungen übereck ab, der sich wiederum in die zwei jeweils gegenüberliegenden Richtungen ins Unendliche öffnet. Der solchermaßen nur teilgefasste Raum ist ein räumliches Modell der Moderne. Er stellt dem Begrenzten die unendliche Weite gegenüber. Das Außen des Naturraums fordert keine schützende Abgrenzung des Inneren über durchgehende Wandflächen, sondern die Abgrenzungen können sich auflösen. Die Herstellung großer Verglasungen hat dieses Raummodell für thermisch geschlossene Räume überhaupt erst ermöglicht. Ebenfalls bemerkenswert ist, dass die beiden Wandscheiben durch ihre Verbindung übereck zu einer eigenständigen Form ‚zusammengeschweißt' werden. Ihre ursprünglichen Formen sind zwar noch ablesbar, aber sie lassen sich im Eckbereich der Verbindung nicht mehr eindeutig zuordnen. Innen- und Außenflächen des Wandwinkels haben zudem unterschiedliche Dimensionen.

Die offene Ecke

Mit einem zusätzlichen Pfeiler in der offenen Außenecke ist der Raum eindeutig gefasst. Er öffnet sich in zwei Richtungen übereck und erst mit dem Pfeiler erhalten die beiden Wände ein Gegenüber, so dass von einer Raumbildung gesprochen werden kann.[7] Ein thermisch geschlossener Raum erfordert auch bei transparenten Bauteilen die Ausbildung einer räumlichen Ecke und sei es mit der Kante eines profillos um die Ecke geführten, transparenten Bauteils. In der Regel erfordert zudem ein Dach die Ausbildung eines Eckpfeilers als Teil eines tektonischen Gefüges. Werden die Wandscheiben über die Flucht des Eckpfeilers hinaus verlängert, bleibt die Öffnung des eindeutig abgegrenzten Raumes zwar bestehen. Die Wandscheiben führen in diesem Fall über die Raumecke hinaus, so dass Innen- und Außenraum durch die verlängerten Wandscheiben noch stärker miteinander verwoben wären.

Raumbildung: Die Deckenplatte

Eine Deckenplatte, gehalten von Pfeilern, ist ein Raummodell des 20. und 21. Jahrhunderts, das für Gebäude erst durch den Einsatz großer Glasflächen als Witterungsschutz zum Abschluß einer thermischen Hülle ermöglicht wurde. Der Raum wird durch eine Deckenplatte definiert, die in der Grundrissgrafik allerdings nicht dargestellt ist. Kanten der thermischen Hülle sowie auch die Tragelemente, in diesem Fall die vier Pfeiler, kommen dazu, sind aber nach den Grundsätzen von van der Laan für eine Raumbildung nicht ausreichend. Der sichtbare Raum unter der Deckenplatte öffnet sich umlaufend horizontal in die unendliche Weite. Allenfalls Objekte im Umfeld, wie beispielsweise Bäume, übernehmen die Aufgabe einer Raumbegrenzung. Für van der Laan ist ein in dieser Art definierter Raum kein gefasster Raum im klassischen Sinne mehr. Der Boden ist formlos und kann deswegen kein raumdefinierendes Gegenüber zusammen mit der Deckenplatte bilden.[8] Bei einem Gebäude stellen umlaufende Glasflächen zwar einen Witterungsschutz dar, der aber nicht mehr durch die Bauplastik raumbildender Elemente nachvollzogen werden kann. Andererseits kann man gerade in der Ablösung des Witterungsschutzes von der gefassten Raumbildung einen besonderen Reiz sehen, der die Architektur der Moderne bis heute auszeichnet und prägt. Durch Wandelemente geschaffene Raumhierarchien, welche die Grundlage für ein klassisches Raumverständnis bilden, werden durch die großflächigen Glaskonstruktionen aufgelöst. Privater, teilöffentlicher und öffentlicher Raum sind nicht mehr durch geschlossene, räumlich wirksame Elemente wie Wandscheiben voneinander getrennt.

Raumbildung: Das homogene Raumfeld

Der Architekturtheoretiker Jürgen Joedicke (1925–2015) setzt dem gefassten Raum, so wie ihn auch Dom Hans van der Laan beschreibt, eine zweite Raumdefinition gegenüber: Das Raumfeld.[9] Eine Ansammlung von Körpern schafft ein Kontinuum aus Zwischenräumen, das wie hier im Stützenfeld regelmäßig oder auch unregelmäßig sein kann. Es definiert im Zusammenspiel von Volumen (Positivvolumen) und Zwischenräumen (Negativvolumen) einen Raum, der sich von der Umgebung absetzt, aber anders als der gefasste Raum offener ist zur Umgebung und über die Zwischenräume in die Umgebung weitergeführt wird. Während sich der gefasste Raum deutlich abgrenzt und Hierarchieebenen in der Nutzung, beispielsweise zwischen privat und öffentlich bildet, findet das Raumfeld seine Entsprechung im Stadtraum. Grenzen werden hier nicht durch Bauteile gebildet, sondern lediglich durch eine Änderung in der Baukörper- oder Bauteildichte. Das untere Beispiel stellt nach Joedicke einen Sonderfall dar, in dem die verdichtete Masse der Pfeiler die Umgrenzung eines gefassten Raums bildet.[10]

Raumbildung: Das inhomogene Raumfeld

Das Raumfeld nach Joedicke kann auch durch Wandscheiben oder Körper unterschiedlicher Größe gebildet werden. Die Zwischenräume sind nicht in jedem Fall eindeutig voneinander abgegrenzt, sondern gehen ineinander über. Es besteht eine Abgrenzung von Raumfeld und Außenraum, wenngleich diese Abgrenzung im unteren Beispiel durch die Körper und die verhältnismäßig kleineren Zwischenräume nachvollziehbarer gelingt als im oberen Beispiel mit den Wandscheiben. Es handelt sich um ein Raumverständnis der Architektur des 20. Jahrhunderts. Die Räume der niederländischen de Stijl-Bewegung und des deutschen Pavillions zur Weltausstellung 1928 in Barcelona von Ludwig Mies van der Rohe (1886–1969) sind erste, prägnante Beispiele für dieses Raumverständnis, bei dem die Abgrenzung von Innen und Außen unscharf wird und die Übergänge ‚fließend' ausgebildet sind. In der Raumtheorie von van der Laan bleiben solche Raumkonstellationen ausgeklammert. Ihn interessiert vor allem die exakte Grenze zwischen der unendlichen Weite des Naturraums zu einem eindeutig gefassten Raum.

Raumverbindungen

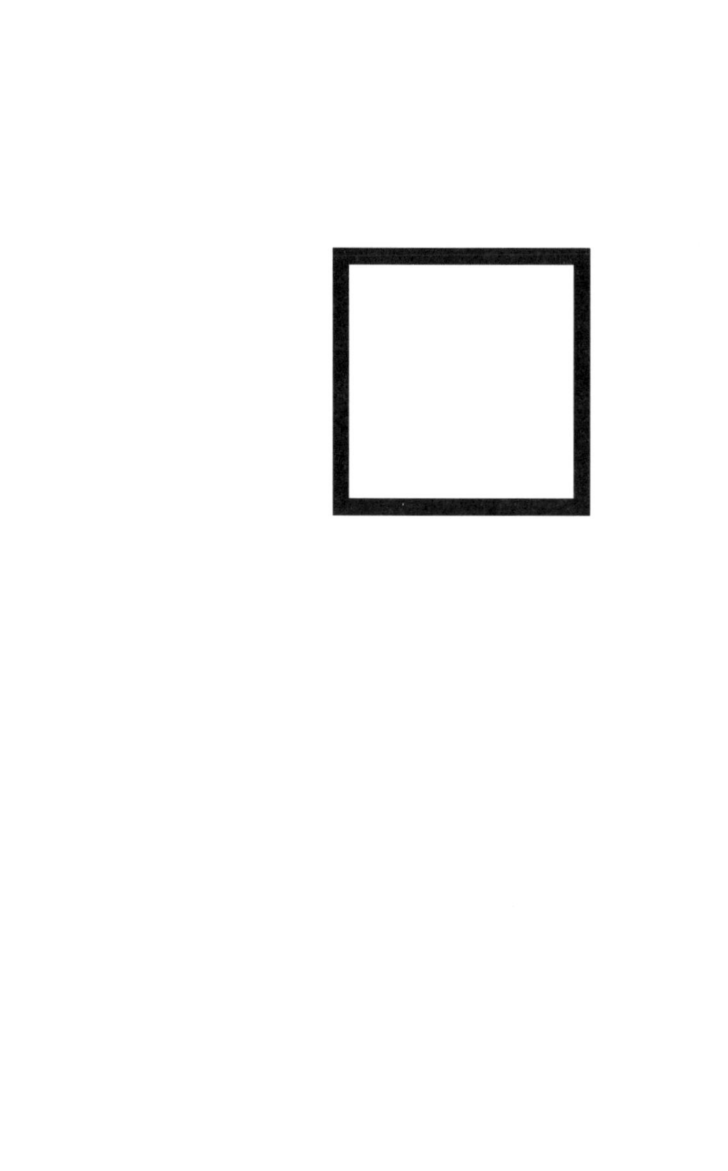

Der Innenraum

Ausgangspunkt der nachfolgenden Überlegungen zur Unterteilung von Räumen ist der vierseitig umschlossene Raum. Er bildet ohne Außenöffnung die größtmögliche Abgrenzung zur unendlichen Weite des Naturraums. Mit seiner im vorliegenden Beispiel quadratischen Grundfläche ist keine der beiden Raumachsen dominierend und damit eine maximale Neutralität hergestellt, mit der die Frage nach der Unterteilung von Räumen im Grundsatz besonders gut erörtert werden kann. Bei den nachfolgenden Prinzipbeispielen werden Wandöffnungen nur dargestellt, wenn sie für das Verständnis des Prinzips der Verbindungen und Außenbezüge notwendig sind. Beispielhafte Grundrissdarstellungen haben selbstverständlich immer den Nachteil, dass sie über die angesprochenen Themen hinaus Aussagen zu einer Architektursprache machen und sich in der vereinfachten Darstellung auf einem quadratischen Raster als archetypischem Grundmodul bereits eine ‚Handschrift' der Gestaltung ablesen läßt. Dieses Begeleitphänomen ist ist nicht beabsichtigt, wird aber in Kauf genommen, um die besprochenen Phänomene anschaulich zu illustrieren.

Die Verknüpfung der Räume

Die Anordnung der Räume wird erst erfahrbar, wenn sie miteinander verbunden sind und ein Außenbezug hergestellt wird. Erst durch die Verortung der Räume durch Öffnungen können die spezifischen Qualitäten einer Raumanordnung erfahren werden. Während nachfolgend beim Additiven Modell eine vorrangige Qualität in der Schaltbarkeit der Räume untereinander gesehen wird, so liegt diese beim Integrativen Modell insbesondere in der Gestaltung des Außenbezugs.

Additive Raumordnung: Die Verbindung

Eine Wand unterteilt einen Ursprungsraum, der in diesem Beispiel quadratisch ist, in zwei gleich große Räume. In einem nächsten gedanklichen Schritt werden in die Wand raumhohe Öffnungen als Durchgänge geschnitten, die im Verhältnis zur Wand schmal sind und deshalb die raumteilende Wirkung der Wand zunächst erhalten. Im oberen Beispiel verbindet eine einzige Öffnung die beiden Raumteile. Entscheidend ist, dass beide Räume weiterhin getrennt wirken. Der Ursprungsraum tritt in seiner Erscheinung so weit zurück, dass er trotz der Öffnung nicht erfahrbar ist. Im zweiten Beispiel werden statt einer mittleren zwei seitliche, raumhohe Durchgangsöffnungen eingeschnitten. Die raumteilende Wand wird dadurch von den Umfassungswänden gelöst. Gegenüber dem oberen Beispiel gibt es zwei wesentliche Änderungen: 1. Beide Räume können in einem durchgehenden Rundgang erschlossen werden. Die Bewegung in einer ringförmigen Figur überlagert die additive Reihung der Raumkonfiguration. 2. Die Wände des Ursprungsraumes stehen wieder frei. Damit ist der ursprünglche Raum im Gegensatz zum oberen Beispiel erfahrbar. Die freigestellte Wand wird zu einem zentralen Körper, um den herum sich der Raum entwickelt.

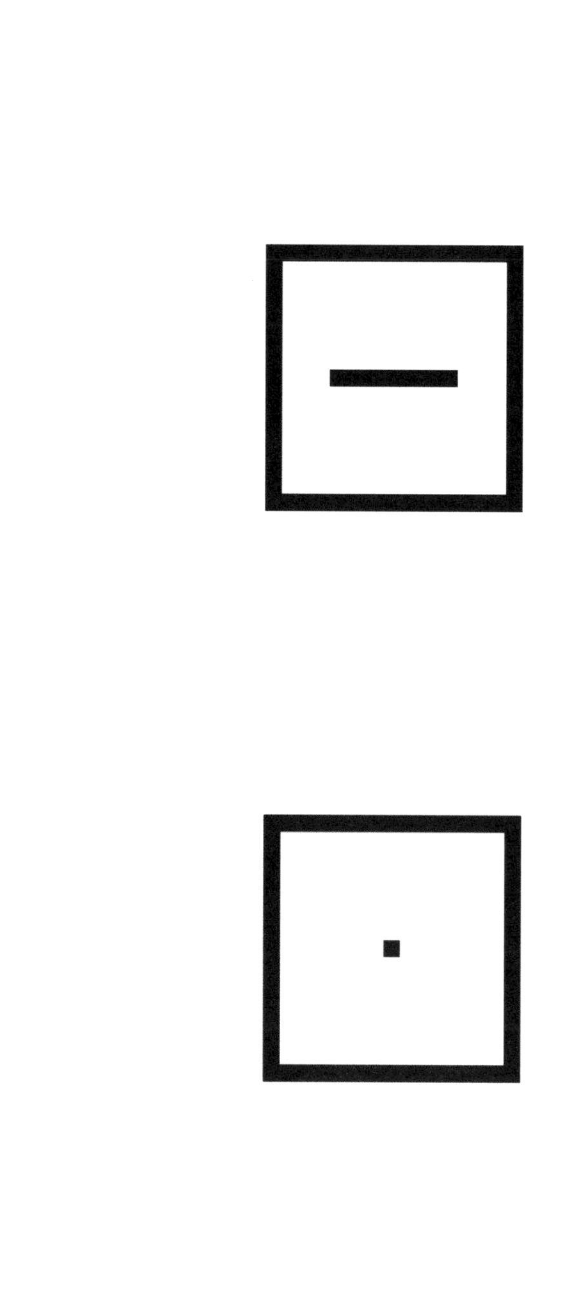

Additive Raumordnung: Teilung und Gliederung

Während die freigestellte Wandscheibe den Raum in zwei Teilräume trennt, hat der Pfeiler im unteren Beispiel keine raumtrennende Funktion. Er wird zum Objekt im Raum, das statt einer raumtrennenden eine raumgliedernde Funktion besitzt. Beide Bauteile sind in den Raum eingestellt und aus ihrer relativen Dimension bezogen auf die Raumgröße resultiert schließlich ihre raumbildende Eigenschaft der Trennung oder Gliederung. Karsten Schubert spricht in diesem Zusammenhang der doppelten Lesbarkeit eines eingestellten, raumtrennenden Bauteils vom Trennungs-Paradoxon.[11]

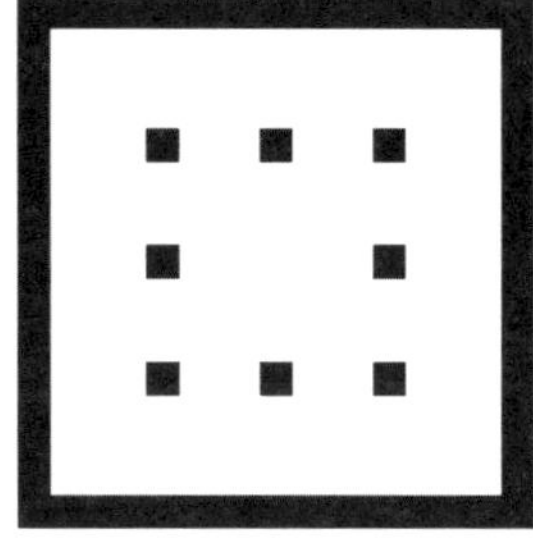

Integrative Raumordnung: Der Außenbezug I

Beim Integrativen Raummodell überwiegt im Gegensatz zum Additiven Raummodell die Frage des Außenbezugs diejenige nach der Verbindung der Räume. Zunächst scheint der Außenbezug durch die gestaffelte Anordnung eindeutig: Während der umschließende Raumteil die gesamte Außenwand des Ursprungsraums einnimmt, ist der mittige Raumteil vollständig vom Außenraum abgeschirmt. Im oberen Beispiel öffnet sich der äußere ringförmige Raumteil über die aufgelöste Pfeilerreihe zu allen Seiten nach außen und unterstreicht damit den vollständigen Außenbezug des umschließenden Raums. Im unteren Beispiel wird der innere Raumteil als nach oben geöffnetes Atrium verstanden. Die Außenlage des Umschließungsraums bleibt zwar prinzipiell bestehen. Der Außenbezug der geschlossenen Wandfläche könnte bereits durch kleine Öffnungen erfahrbar gemacht werden. Der Kernraum wird dagegen zum Außenraum, zu dem sich der umschließende Raumteil über die Pfeilerreihung öffnet. Der Außenraum selbst dehnt sich nicht in der Horizontalen aus wie beim oberen Beispiel, sondern gleichsam vertikal in den Himmel. Die Qualität der Außenbezüge ist damit grundsätzlich verschieden, komplementär. Derjenige Raumteil, der in der Raumhierachie am meisten abgeschirmt ist, wird auf einmal zum geöffneten Raum mit Außenbezug. In dieser Umkehrung liegt eine große Spannung, da sich die Intimität eines innenliegenden Raums mit der unendlichen Weite des Außen in der Vertikalen verbindet. Der komplementäre Charakter der beiden Raumteile bedingt zwei Teilräume mit gegensätzlichen Eigenschaften, die sich in einer entsprechenden Nutzungsbelegung im Grundriss widerspiegeln sollten: Das mittige Bauteil im oberen Beispiel eignet sich für die Aufnahme von Nutzungen, die nicht auf eine seitliche Tagesbelichtung angewiesen sind. Im unteren Beispiel ist der Kernraum dagegen nicht mehr Teil des überdachten Innenraums. In den unterschiedlichen Eigenschaften der beiden Teilräume des Integrativen Raummodells wird aber auch eine große Chance für eine Grundrissordnung gesehen.

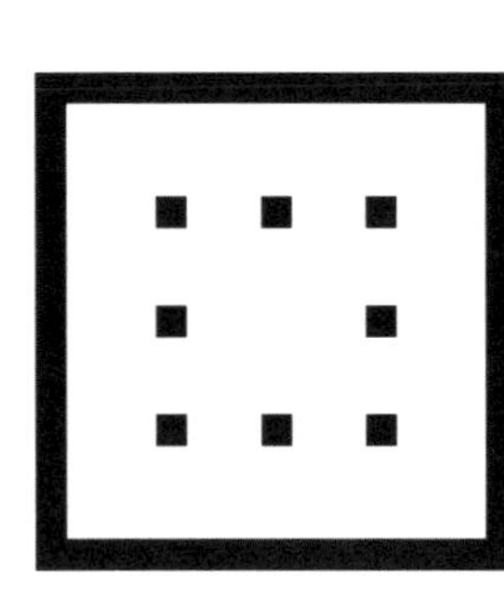

Integrative Raumordnung: Der Außenbezug II

Im oberen Beispiel öffnet sich ein ringförmiger Raum nach innen in einen offenen Atriumhof. Die Außenwand ist im Modell geschlossen ausgebildet. Allenfalls kleine Öffnungen wie beispielsweise eine Zugangsöffnung sind notwendig. Im unteren Beispiel ist auch die Außenwand durch die Auflösung in eine Pfeilerreihung in den Außenraum geöffnet. Den Kernbereich kann man sich wie im oberen Beispiel als einen nach oben offenen Atriumhof vorstellen. Durch die durchlässige Schichtung der Raumringe entsteht ein neues Bild der gestaffelten Raumteile, mit der die nach innen ausgerichtete Raumordnung viel von ihrer ursprünglichen Wirkung verliert. Der fokussierte Charakter wird deutlich abgeschwächt.

Integrative Raumordnung: Der Außenbezug III

Der Kernraum wird im unteren Beispiel zweigeteilt in einen kleinen Atriumhof und einen kleineren Kernraum. In diesem ‚gemischten' Modell bekommt der Kernraum nun doch einen Außenbezug, auch wenn die Zweiteilung der Kernzone die eindeutige Erfahrbarkeit durch den umschließenden Hauptraum etwas schwächt. Allerdings wird durch diese Zweiteilung der Kernzone die Nutzbarkeit der Grundfläche mit Tagesbelichtung erweitert.

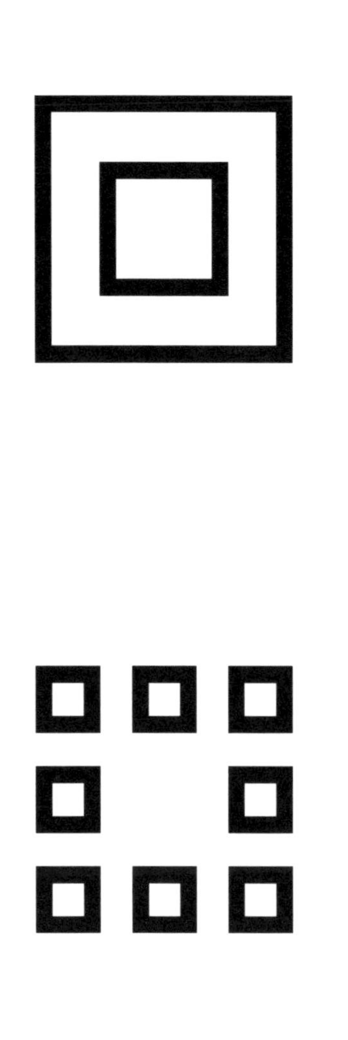

Integrative Raumordnung: Ring – Kern

Eine Unterteilung des umschließenden Raumrings in einzelne Körper stellt eine Sonderform der Integrativen Raumordnung dar. Die geschlossenen Raummodule sind als Hohlkörper an der Außenseite angeordnet und können selbst als integrative Raumteile im Gesamtgefüge verstanden werden. Sie sind weiterhin um ein Zentrum angeordnet, welches mit dem Außenraum nur mittelbar über Zwischenräume verbunden ist. Die Raummodule bilden in ihrer Lage eine Hierarchie aus und können als Teilräume eines Gesamtraums gelesen werden. Eine Besonderheit besteht allerdings in ihrer Randlage, sodass sie nicht umgangen werden können. Sie stehen für ein Raummodell, das auch als Sonderform eines Raumfeldes nach Joedicke verstanden werden kann. Im 20. Jahrhundert hat insbesondere der amerikanische Architekt Louis Kahn (1901–1974) mit diesem Modell der raumhaltigen Außenwand gearbeitet, bei der er die integrierten Räume in der Raumhierarchie als dienende Räume im Gegensatz zu dem bedienten Hauptraum im Zentrum verstanden hat.[12]

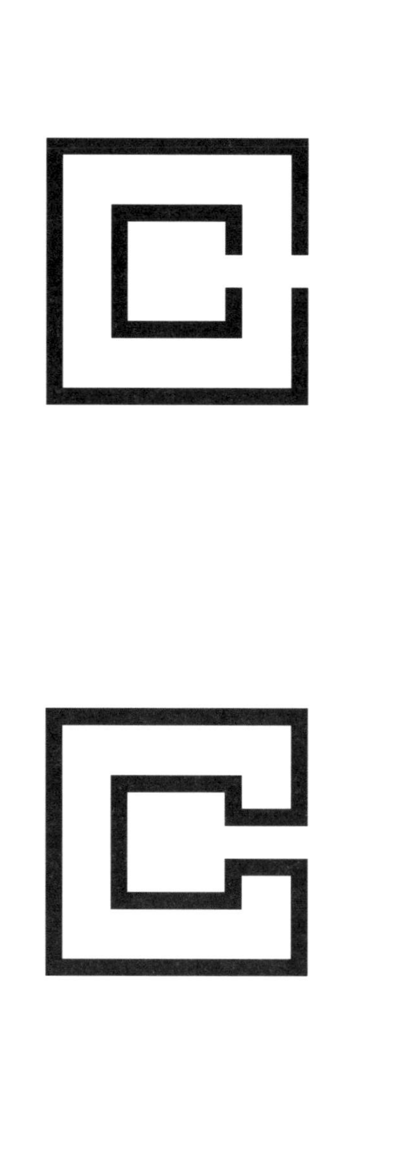

Integrative Raumordnung: Der Zugang

Bei der Ausbildung des Integrativen Raummodells mit einem Atriumhof im Kern besteht immer die Frage nach der Verbindung des inneren mit dem äußeren Außenraum. Im oberen Beispiel gibt es in der inneren und der äußeren Raumschale eine Zugangsmöglichkeit, die indirekt über den ringförmigen Innenraum einen Zugang zum Atrium ermöglicht. Im unteren Beispiel erfolgt die Verbindung direkt. Durch den unmittelbaren Anschluss des Atriums an den Außenraum wäre beispielsweise auch ein Zugang aus dem Freien in den Innenraum über den Atriumhof denkbar. Die Intimität des innenliegenden Hofraums wird für die Erschließung genutzt. Gleichzeitig verliert er dadurch aber ein wenig seinen spezifischen Charakter. Das Innere wird nach außen gekehrt. Vor allem aber wird der Umgang des Innenraums im Gegensatz zum oberen Beispiel durch den Zugang unterbrochen. Trotzdem kann in vielen Fällen aufgrund der Verwandschaft zum Integrativen Modell die Kategrorisierung beibehalten werden, auch wenn die Möglichkeit des einfachen Umgangs als konstitutive Eigenschaft nicht mehr besteht. Allenfalls beidseitige Wandöffnungen im Durchgangsbereich könnten einen räumlichen Zusammenhang des umschließenden Innenraums andeuten.

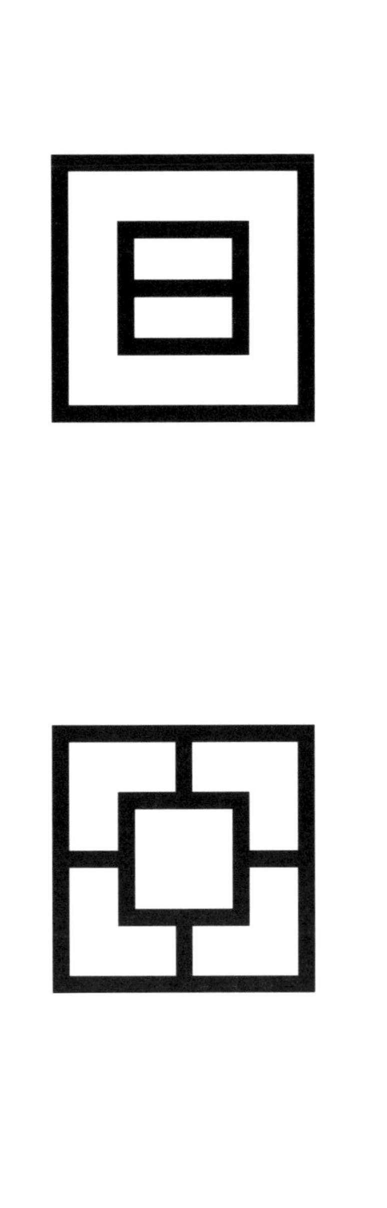

Unterteilungen in der Integrativen Raumordnung

Die beiden Teilflächen des Integrativen Raummodells lassen sich wiederum teilen. Während im oberen Beispiel die integrativen Eigenschaften insbesondere durch den ringförmigen Hauptraum erhalten bleiben, gehen sie durch die Teilung des ringförmigen Raums im unteren Beispiel verloren. Hier müsste man stattdessen von einer Variante der Additiven Raumordnung sprechen. Der innenliegende Kernraum existiert zwar noch, ist aber durch die Zwischenwände mit der äußeren Raumschale verbunden und kann nicht mehr frei umgangen werden. Seine Eigenschaften als eigenständiger Baukörper können nicht mehr erfahren werden.

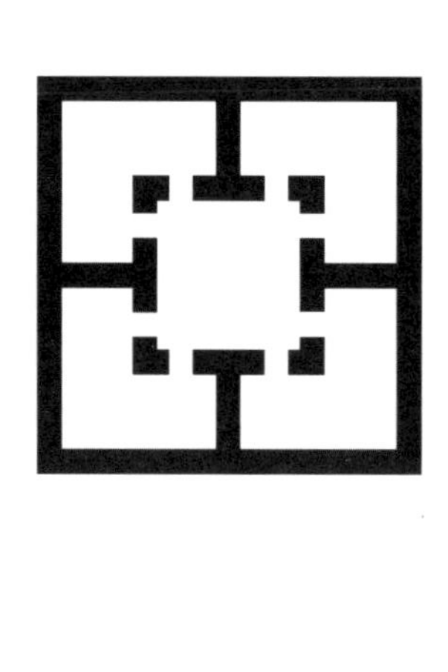

Additive Raumordnung – Integrative Raumordnung

Die Raumgeometrie einer Integrativen Raumordnung findet sich scheinbar häufig in Ordnungen mit innenliegenden Erschließungsbereichen. Über sie werden die an der Außenwand liegenden Raumteile erschlossen, so wie im oberen Beispiel prinzipiell dargestellt. Auch wenn die Geometrie auf eine Integrative Raumordnung hinzuweisen scheint, fehlen doch zwei wesentliche Kriterien, die diese Raumordnung von einer Additiven Raumordnung unterscheiden: 1. Die Wand, die den Kernraum begrenzt, wird durch die Querwände an die Außenwand angebunden und bildet im Verbund einen ausgehöhlten Ring addierter Räume. Der innere Raum verliert durch die Anbindung seine Eigenschaft als autonomer Körper. 2. Der Verlust, die innenliegenden Raumteile umgehen zu können, verhindert ebenfalls die Lesbarkeit als eigenständigen Körper. Das Erschließungsmuster ist in der Bewegung das eines additiven Raumgefüges. Im unteren Beispiel dagegen ist der innere Raumteil freigestellt und kann im Umgang erfahren werden. Während im oberen Beispiel auf Grund seiner Geometrie nur scheinbar eine Integrative Raumordnung gesehen werden kann, aber es eigentlich als Additive Raumordnung gelesen werden muss, stellt das untere Beispiel eine Integrative Raumordnung dar.

Erweiterte Varianten im gerichteten Raum

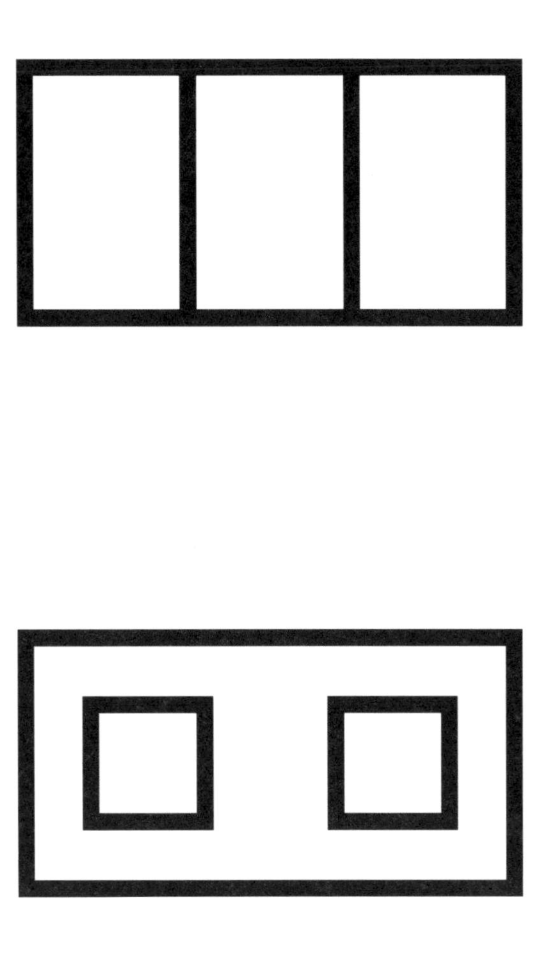

Der gerichtete Raum

Eine Additive Raumordnung wurde einer Integrativen Raumordnung bei dem denkbar einfachen Beispiel eines quadratischen Ausgangsraums, der in zwei Teile unterteilt wurde, gegenübergestellt. Im Folgenden sollen nun Beispiele gezeigt werden, bei denen der Ausgangsraum im Seitenverhältnis ‚eins zu zwei' gerichtet ist. Der Schritt von einem gleichseitigen zu einem gerichteten Raum ist entscheidend, wenn damit einhergehend die Symmetrie einer einfachen Dopplung verlassen wird. Im oberen Beispiel entsteht durch die Dreiteilung eine Reihung, die durch Addition von Raumeinheiten ins Unendliche erweitert werden könnte. Es kann aber auch eine klassische Ordnung gelesen werden, bei der ein mittlerer Teil von zwei außenliegenden Teilen flankiert wird.[13] Die drei Räume sind in ihrer Lage nicht mehr völlig gleichwertig wie im Beispiel des zweigeteilten, quadratischen Grundrisses. Im unteren Beispiel einer Integrativen Raumordnung entstehen zwei integrierte Raumteile, die durch den dritten, umschließenden Raum voneinander getrennt werden. Das Prinzip der Integration erhält den Charakter der Addition durch die zwei gleichwertigen Raumzellen. Denkbar wäre auch eine Verschachtelung der drei Flächen auf drei, statt auf zwei Hierarchieebenen in konsequenter Fortführung des Prinzips der Integrativen Raumordnung. Eine solche, dreifach verschachtelte Raumordnung ist allerdings erst bei großen Grundflächen sinnvoll nutzbar. Der gerichtete Ausgangsraum verlässt jedenfalls die gleichseitige Qualität eines quadratischen Raums. Durch die Ungleichseitigkeit ergeben sich neue Fragen bei der Raumeinteilung, welche im Folgenden erst für die Additive Raumordnung und anschließend für die Integrative Ordnung erörtert werden sollen.

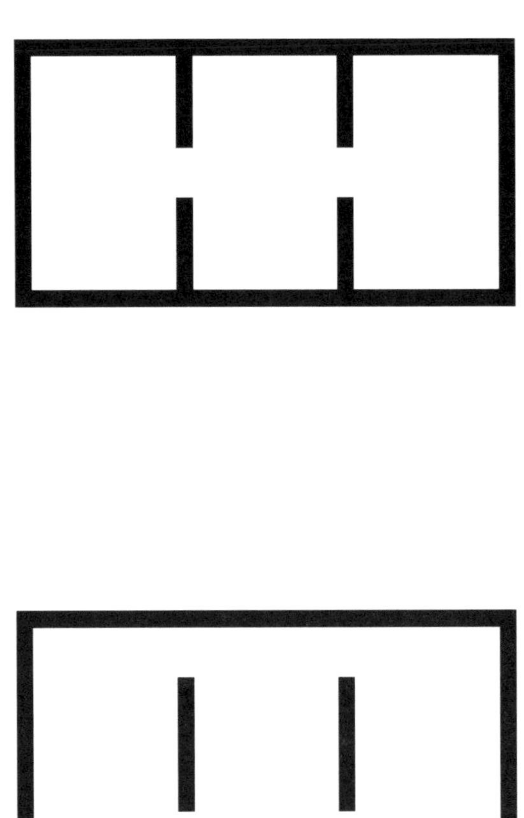

Die Enfilade

In die beiden grundsätzlichen Möglichkeiten Räume miteinander zu verbinden wurde bereits am Beispiel zweier Räume eingeführt. So entsteht bei drei Räumen über die jeweils gleichartige Verbindung ein linearer Weg. Dieser Weg wird zu einem ablesbaren räumlichen Element, welches die Reihung der hintereinander liegenden Räume überlagert. Diese bleiben untereinander getrennt. Die Verbindung entsteht durch die Bewegungsachse. Man kann die Raumteile links und rechts der Mittelachse auch als eigenständige Raumteile (Raumtaschen) lesen, die den Durchweg flankieren. Im unteren Beispiel spricht man nicht mehr von einer Enfilade im engeren Sinn, auch wenn die drei Räume linear verbunden sind. Statt über eine Mittelachse erfolgt die Verbindung über zwei Wegachsen jeweils entlang der Außenwände. Die drei Räume werden durch den Umgang kreisförmig erschlossen. Der große Ursprungsraum bleibt erfahrbar. Die teilenden Wandscheiben können als eingestellte Körper in einem großen Raum gelesen werden. Beide Modellbeispiele schaffen eine symmetrische Verbindung unter den Räumen: einmal über eine Mittelachse und einmal über zwei flankierende Achsen. Die Gegenüberstellung beider Modelle zeigt auch ein Grundproblem der Symmetrie auf: Während im oberen Beispiel die Erschließung über die Mittelachse eine besondere Betonung erfährt, kann sie umgekehrt aber auch als etwas zwanghaft empfunden werden. Im unteren Beispiel bleibt die Mittelachse frei und die Durchwege betonen die Ränder. Die Reihung der Räume wird durch die ringförmige Erschließung überlagert, die zwar ebenfalls symmetrisch ist, aber die Möglichkeit aus zwei alternativen Erschließungsachsen wählen zu können, schafft gegenüber einer mittigen Erschließung eine ungezwungene Offenheit.

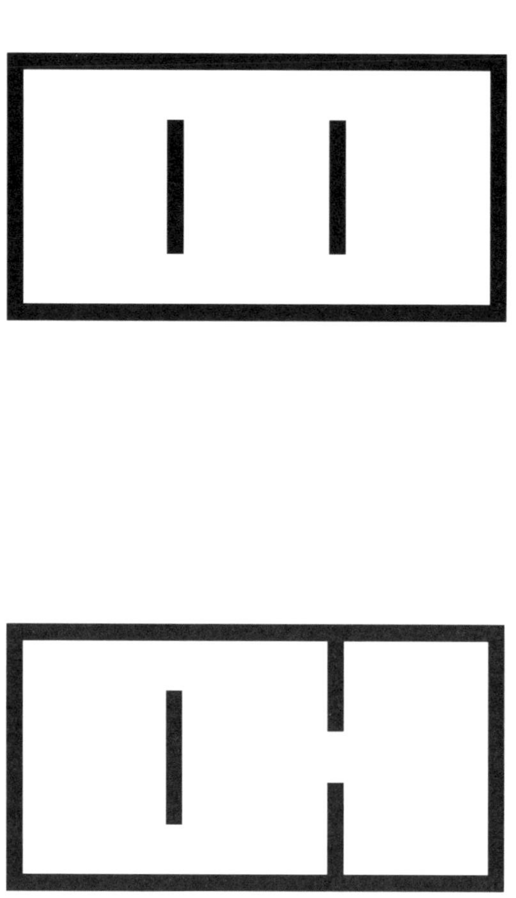

Zwei Verbindungstypen

Im unteren Beispiel werden die Öffnungen zwischen den Räumen nach beiden Grundmustern gesetzt: Einmal mittig und einmal mit zwei Randöffnungen. Allein durch die Setzung der Öffungen entsteht zwischen den drei Raumteilen eine Hierarchie: Der mittig erschlossene, rechte Raumteil erscheint stärker getrennt von den beiden anderen, die immer noch als ein zusammenhängender Raum mit eingestelltem Wandkörper erlebt werden können. In seiner Absonderung kann der rechte Raum bereits als Bestandteil der Außenwand gelesen werden kann. Die Symmetrie in der Längsrichtung wird aufgegeben.

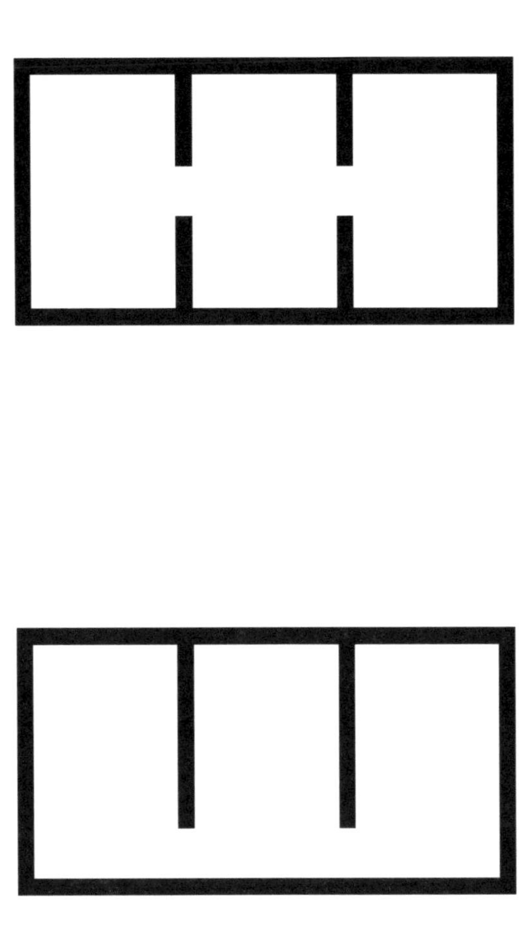

Der seitliche Durchgang

Der seitliche Durchgang stellt einen Sonderfall der Enfilade dar. Die raumteilenden Wände sind nur an eine der beiden äußeren Längswände angebunden. Die andere Wand steht frei, sodass die Abmessungen des gesamten Innenraums nachvollzogen werden können. Die entstehenden Teilräume sind entsprechend tiefer als beim oberen Beispiel. Durch die seitliche Lage der Erschließungszone ist diese deutlicher von den Aufenthaltsbereichen getrennt. Die einzelnen Aufenthaltsbereiche sind gleichwertig an die Erschließungszone angebunden und können entsprechend im gleichen Maß genutzt werden. Im oberen Beispiel wird der mittlere Raum dagegen durch die Erschließungszone in zwei Bereiche unterteilt.

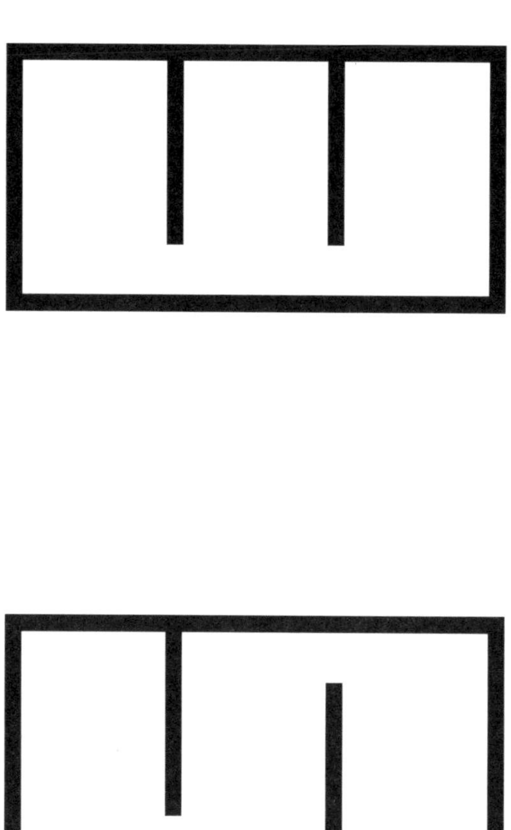

Der versetzte Durchgang

Mit einer Versetzung der seitlichen Durchgänge sowie wechselnder Außenwandanbindung der raumtrennenden Innenwände entsteht eine völlig neue Nutzungssituation: Während die Teilräume im oberen Beispiel weitgehend gleichwertig sind, wird im unteren Beispiel der mittlere Raum zu einem Bereich mit diagonaler Durchwegung, der sich in seiner Aufenthaltsqualität von den seitlichen Räumen deutlich unterscheidet. Durch das einfache Versetzen eines Durchgangs entsteht eine Raumfolge, die besonders zum mäandrierenden Flanieren einlädt, etwa bei einer Ausstellungsnutzung.

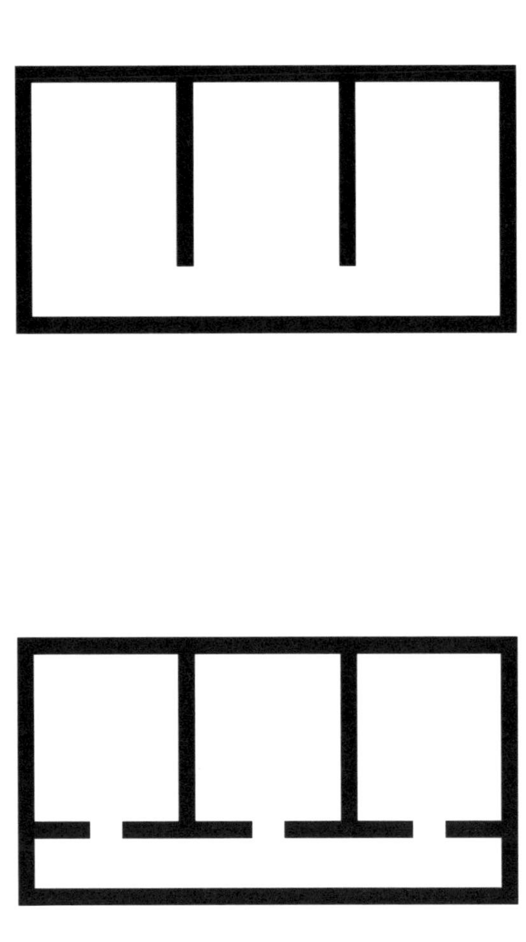

Die Bewegungsfläche

Mit der Ausbildung von Durchgangsöffnungen entstehen Bewegungsräume. Im oberen Beispiel werden die Räume über einen solchen Erschließungsbereich entlang einer Längswand miteinander verbunden. Die Wand macht als durchlaufendes Element die räumliche Verbindung lesbar. Allerdings ist durch den Anschluß der querliegenden, unterteilenden Wände an eine der Längswände der große Ursprungsraum nicht mehr als Ganzes sichtbar. Im unteren Beispiel wird der verbindende Bewegungs- und Erschließungsraum durch eine Wand zusätzlich räumlich gefasst. Das Bewegungsmuster zwischen den Räumen bleibt in ähnlicher Form erhalten, aber die Erschließungsachse erhält einen eigenen abgegrenzten Raum als Korridor. Durch die Abgrenzung zu diesem ist einerseits eine unabhängigere Nutzung der angeschlossenen Räume möglich. Andererseits ist aber durch die zusätzliche Wandebene zur Abteilung der Bewegungsfläche eine Mehrfachnutzung dieser Fläche ausgeschlossen. Im oberen Beispiel erstrecken sich die Räume über die ganze Breite der Bewegungsfläche.

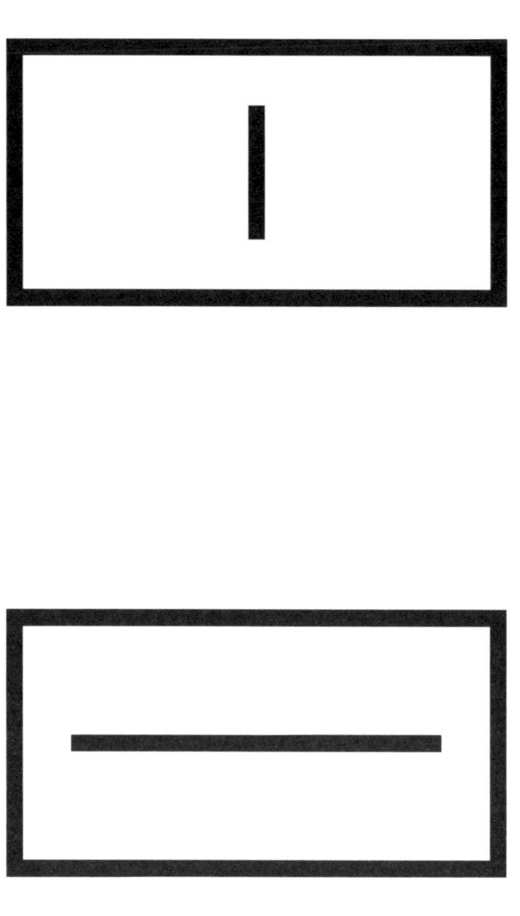

Quer- und Längsteilung

Der Ursprungsraum wird in beiden Beispielen in zwei gleiche Teile unterteilt: Einmal in Quer- und einmal in Längsrichtung. In beiden Fällen sind die unterteilenden Wandscheiben von den Außenwänden abgelöst. Dadurch ist in beiden Fällen wieder der Ursprungsraum sichtbar. Im oberen Beispiel ist er etwas stärker spürbar, da die Längswände die beiden Durchgänge flankieren, während die Durchgänge im unteren Beispiel an den kurzen Querwänden liegen. Die Verbindung wird im zweiten Fall im direkten Vergleich etwas geschwächt.

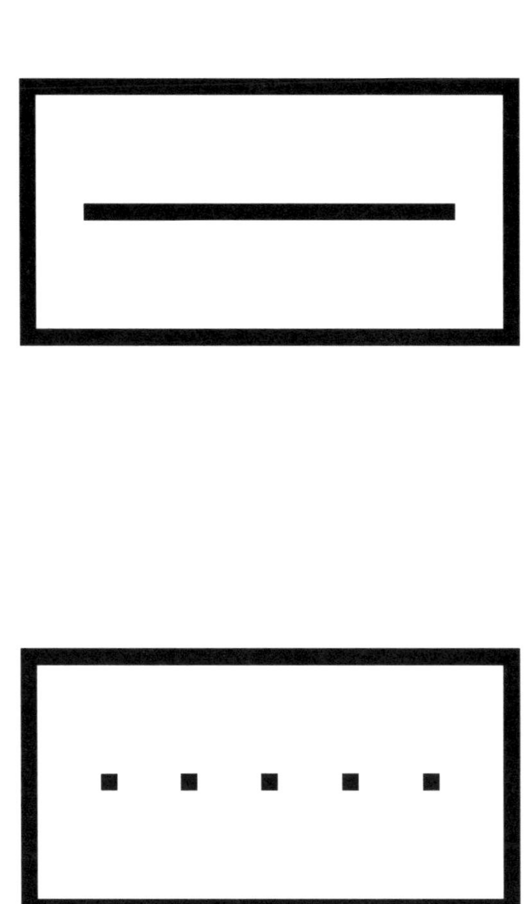

Die Offene Teilung

Der Ursprungsraum wird durch eine eingestellte Wandscheibe längs in zwei gleich große Teilräume unterteilt. In der unteren Darstellung ist die eingestellte Wandscheibe in eine gleichmäßige Reihung von Pfeilern aufgelöst. Die Teilräume sind noch erfahrbar, wenngleich die Abgrenzung deutlich schwächer geworden ist und eher von einer Raumgliederung gesprochen werden kann. Durch den Rythmus der Pfeiler entstehen nun auch in Querrichtung Teilräume. Beim Entlangschreiten kann der gleichmäßige Rythmus zwischen Pfeilern und Teilräumen nachvollzogen werden.

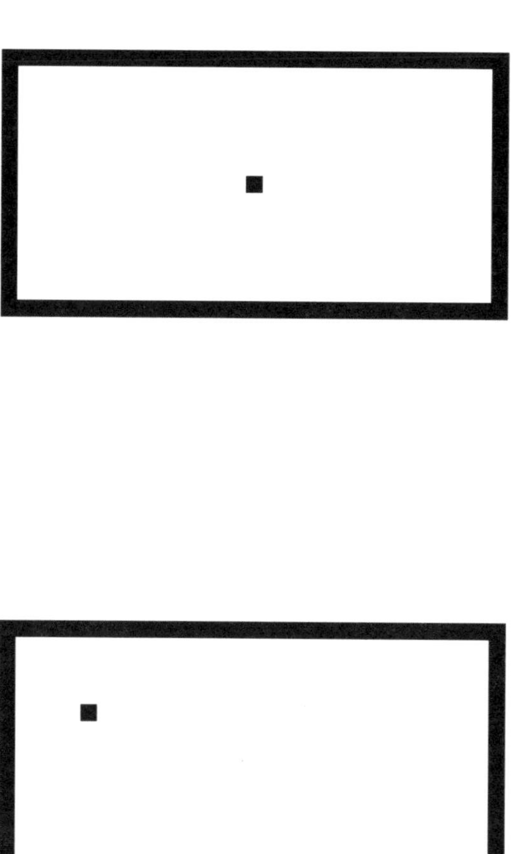

Der Pfeiler im Raum

Der einzelne Pfeiler im oberen Beispiel sitzt mittig im Raum auf den beiden Symmetrieachsen. Er gliedert den Raum sowohl in Längs- als auch in Querrichtung. Gleichzeitig wird der Bewegungsfluß im Raum umlaufend entlang der Außenwände geführt. Im unteren Beispiel könnte man auch wieder eine Unterteilung des Raums in Längs- und Querrichtung nachweisen. Allerdings entsteht durch die Nähe des Pfeilers zur Raumecke eher der Eindruck eines Teilraums, der vom Gesamtraum separiert erscheint.

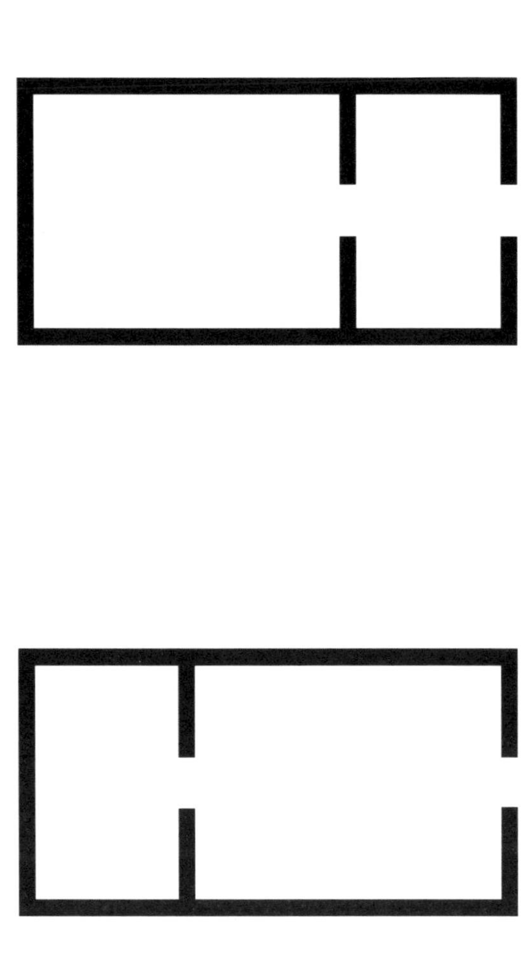

Die Sequenz

Die Räume werden über die Schmalseite auf einer Mittelachse erschlossen. Im oberen Beispiel wird erst der kleinere und dann der größere Raum betreten. Der kleinere Raum bekommt den Charakter eines Vorraums. Er bildet den Auftakt der Sequenz. Im unteren Beispiel ist die Reihenfolge umgekehrt: Der kleine Raum wird nach dem großen betreten. Er bekommt eher den Charakter eines angehängten Raums, da man als Auftakt einer Raumsequenz meist einen kleineren Raum erwartet, der auf den Eintritt in einen größeren vorbereitet.

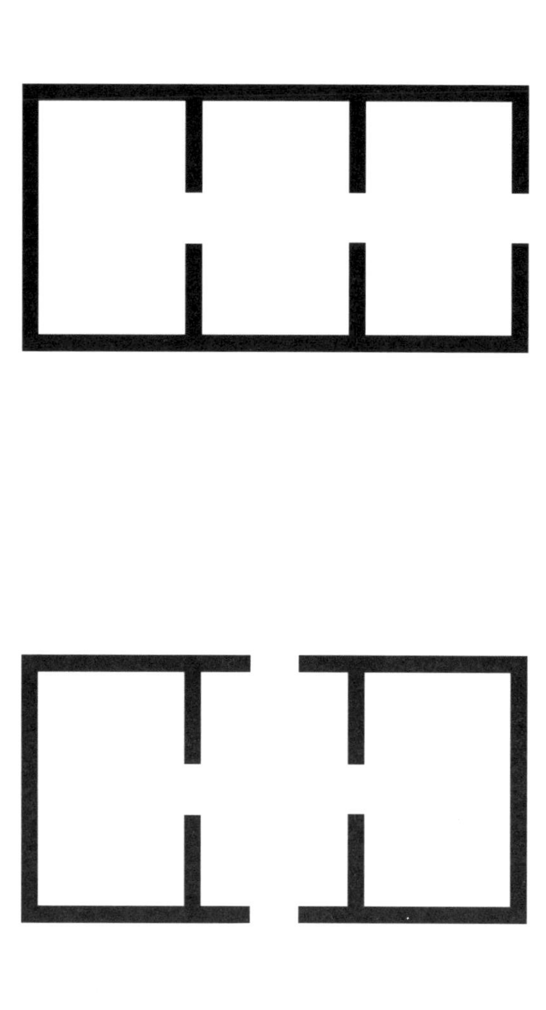

Die Erschließungsachse

Es gibt zwei Möglichkeiten die drei nebeneinander liegenden Räume über Mittelachsen zu erschließen: Im oberen Beispiel folgt die Erschließung über die lange Mittelachse, die die Räume verbindet. Die Bewegung von Raum zu Raum erfolgt in einer linearen Abfolge, die der Reihung der Räume entspricht. Der Außenzugang der Räume erfolgt auf der gleichen Achse. Im unteren Beispiel gibt es zwei Erschließungsachsen, die sich im mittleren der drei Räume kreuzen: Die Zugangsachse wird durch den mittleren Raum von Außenwand zu Außenwand geführt. Die Verbindung der drei Räume untereinander entspricht der des oberen Beispiels, aber durch den Außenzugang über den mittleren Raum entsteht eine Hierarchie der Räume. Die Trennung der beiden Erschließungsachsen ‚Außenzugang' und ‚Innenerschließung' kann auch als spannungsvolle Thematisierung der beiden wesentlichen Raumbezüge verstanden werden: Dem Binnenbezug wird der Außenbezug gegenüber gestellt. Der Außenbezug wird im vorliegenden Beispiel durch die Lage der Erschließungsachse im Symmetriezentrum zwischen den Randräumen besonders hervorgehoben. Andrea Palladio (1508–1580) hat in seinen Villen häufig auf dieses Grundmodell zurückgegriffen. Der ‚Weltbezug' entsteht während der Renaissance und wurde in der Architektur oft durch die Ausbildung von in die Landschaft ausgreifenden Raumachsen thematisiert, die den Außenbezug betonen.

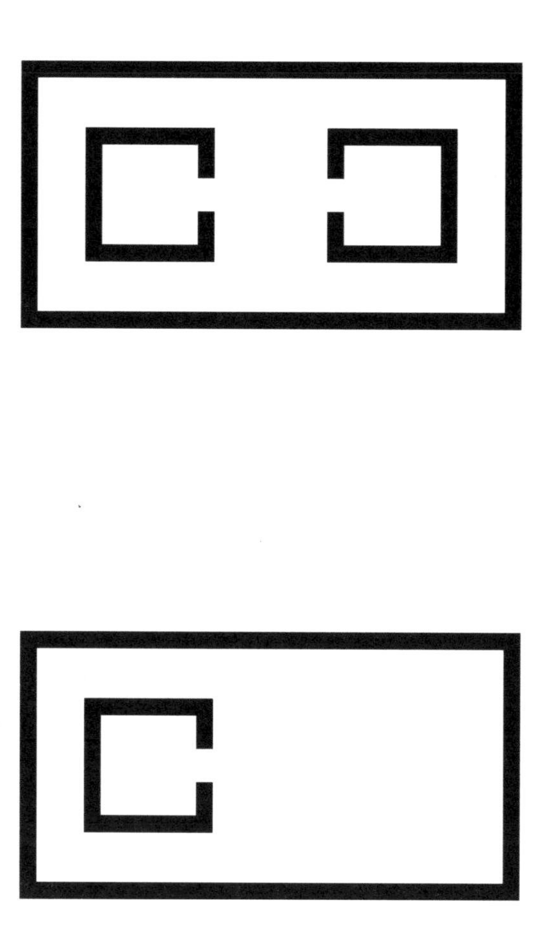

Integrative Raumordnung: Raummodule

Zwei Raummodule unterteilen den Gesamtraum in drei Teilräume. Der dritte Teilraum entsteht als Fläche zwischen den Modulen und ist gleichzeitig an den Umgang angebunden, der die beiden Module von den Außenwänden trennt. Durch die Integrative Raumordnung entsteht eine räumliche Hierarchie, wie man sie von städtischen Räumen kennt. Die Raummodule können als Häuser gelesen werden, während der Raum dazwischen als Straßenraum verstanden werden kann. Im unteren Beispiel ist der Hauptraum als ‚Platzraum' deutlich stärker gewichtet als die Fläche innerhalb des Moduls.

Das offene Modul

In den beiden vorliegenden Beispielen werden die Wände des eingestellten Raums in zwei Schritten geöffnet. Das Modul verliert dabei seinen Charakter als abgetrennte Einheit und wird zu einem nicht mehr räumlich abgeschlossenen, sondern lediglich markierten Bereich innerhalb des Gesamtraums.

Integrative Raumordnung: Innen – Außen

Im oberen Beispiel kann das eingestellte Raummodul als offener Atriumhof verstanden werden, während es im unteren Beispiel als geschlossene Raumeinheit in einem Hauptraum steht, der sich über Stützenreihen nach außen öffnet. Der große Ursprungsraum wird in beiden Fällen in zwei unterschiedliche Bereiche aufgeteilt. Die Umkehrung der Zuordnung von Masse und Licht kennzeichnet die komplementären Raumsituationen. Im oberen Beispiel ist der offene Platzbereich durch den Lichtraum des Atriumhofs geprägt. Der introvertierten Platzsituation steht die Öffnung zu einem Lichtkörper gegenüber. Platz und Licht sind im großen Baukörper aufgehoben, von der Außenwelt abgeschirmt und dadurch geschützt. Im unteren Beispiel ist die Platzsituation durch Tageslicht und Ausblicke geöffnet, während der Kernraum in geschützter Abgeschiedenheit den Gegenpohl zur Öffnung in die Weite darstellt. Im oberen Beispiel entsteht eine eigene Innenwelt im Kontrast zur Außenwelt, während sich der Innenraum im unteren Beispiel über die Pfeilerreihen hinaus in die Umgebung ausweitet. In beiden Fällen bedarf es des eingestellten Moduls. Ohne das Atrium bliebe der ‚Platzraum' im obere Beispiel in seiner Geschlossenheit gefangen. Ohne das Raummodul im unteren Beispiel würde der von Stützen gleichmäßig umfasste Raum einen inneren Halt entbehren und nach außen ‚wegfließen'. Durch die komplementäre Eigenschaft der jeweils eingestellten Körper bekommt der große Raum eine Proportion und eine Qualität als Aufenthaltsort, etwa zum Wohnen oder für das Versammeln einer Gemeinschaft. Erst in der komplementären Anlage einer räumlichen Situation können die verschiedenen Bedürfnisse einer Nutzung ihre Bereiche und auch ihren Ausdruck finden.

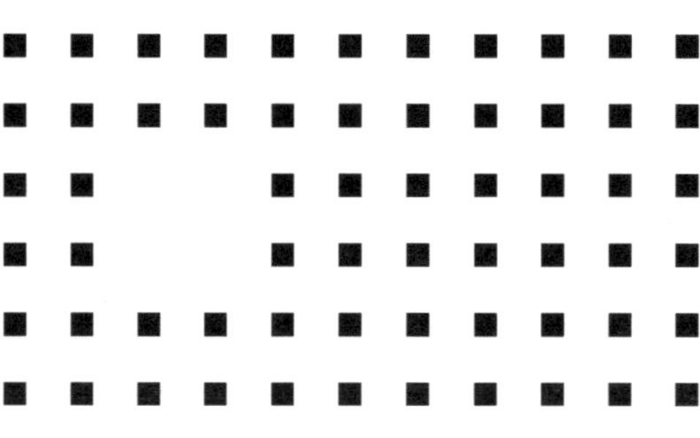

Der Platzraum im Raumfeld

Die Pfeilerstellungen in beiden Beispielen können als nach oben offene Raumfelder verstanden werden. Nach der Definition von Joedicke zeigen sich beide Felder in ihrer Außenkontur als körperhaft. Die Pfeilerreihen um den Platzraum im unteren Beispiel scheinen sich zu einem eingrenzenden, freigestellten Bauteil zu verbinden. Das Begriffspaar der Additiven und der Integrativen Raumordnungen verliert in der Unschärfe der Übergänge zwischen den Raumqualitäten im Raumfeld allerdings seine Bedeutung. Der offene Platz im oberen Beispiel kann innerhalb des begrenzten Raumfelds umgangen werden und zeigt deshalb eine Verwandschaft zur Integrativen Raumordnung. Genauso kann im unteren Beispiel die nebeneinandergestellte Anordnung des offenen Platzes und des geschlossenen Feldes als Additive Raumordnung gelesen werden. Letztlich erweist sich die Nachvollziehbarkeit der unterschiedlichen Raumordnungen im Raumfeld aber als schwierig aufgrund ihrer fehlenden Eindeutigkeit. In einem größeren Maßstab könnten die Pfeiler als Baukörper gelesen werden und das Raumfeld insgesamt als Stadtraum. Die Baukörper können umgangen werden. In dieser Hinsicht sind Raumfelder im städtischen Maßstab immer als Integrative Raumordnungen zu lesen.

Kombination der beiden Raummodelle

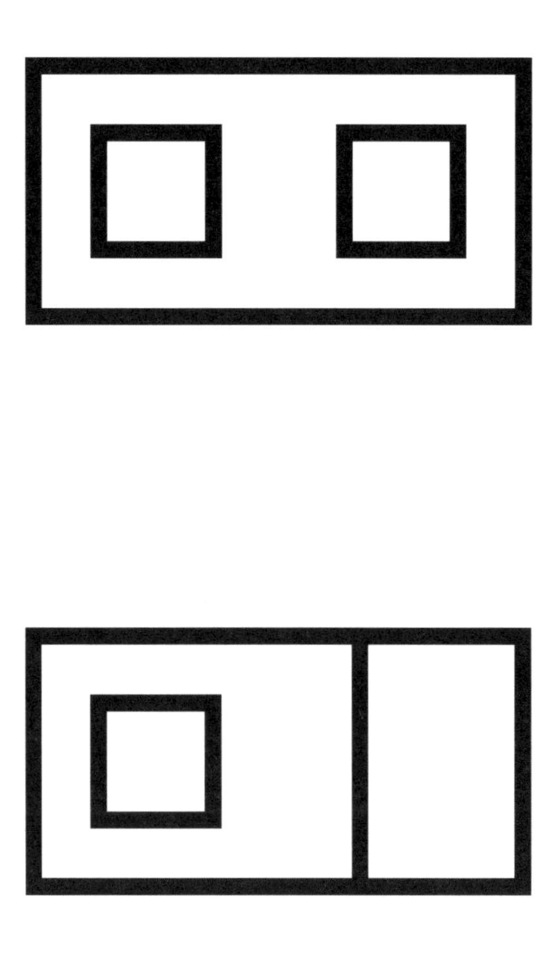

Die Kombination der Raumordnungen I

Während im oberen Beispiel der Raum in drei Teilräume untergliedert wird – in zwei Raummodule und eine umschließende Fläche – wird im unteren Beispiel eine Raumeinheit Teil der äußeren Hülle. Funktional ermöglicht diese Konfiguration die natürliche Belichtung über die Außenwände und eine Minimierung der Erschließungsflächen. Während die Raummodule in den Beispielen Teil einer Integrativen Raumordnung sind, kann die übergeordnete Raumteilung im unteren Beispiel additiv verstanden werden. Im unteren Modellbeispiel werden beide Ordnungen miteinander kombiniert. Die abgeteilten Räume können dadurch räumlich differenziert werden, etwa als Bereiche in einem Ausstellungsgebäude: Bei dem Raum, der Teil der Außenhülle ist, denkt man an die räumlichen Differenzierungen des Architekten Louis Kahn. In seinen Grundrissen differenziert er zwischen Räumen mit ‚dienenden' Nebennutzungen und solchen mit ‚bedienten' Hauptnutzungen. Die Bereiche der dienenden Nutzungen werden in die Konstruktion der Hauptwände integriert, beispielsweise durch eine Aufdoppelung der Außenwände. Dagegen nimmt die Hauptnutzung die großen Flächen zwischen den aufgedoppelten Wandkonstruktionen ein. Die Raumzelle, die als freier Körper losgelöst von der Außenhülle eingestellt ist, bekommt eine höhere Wertigkeit und Markanz als der addierte Raum im Raumgefüge.

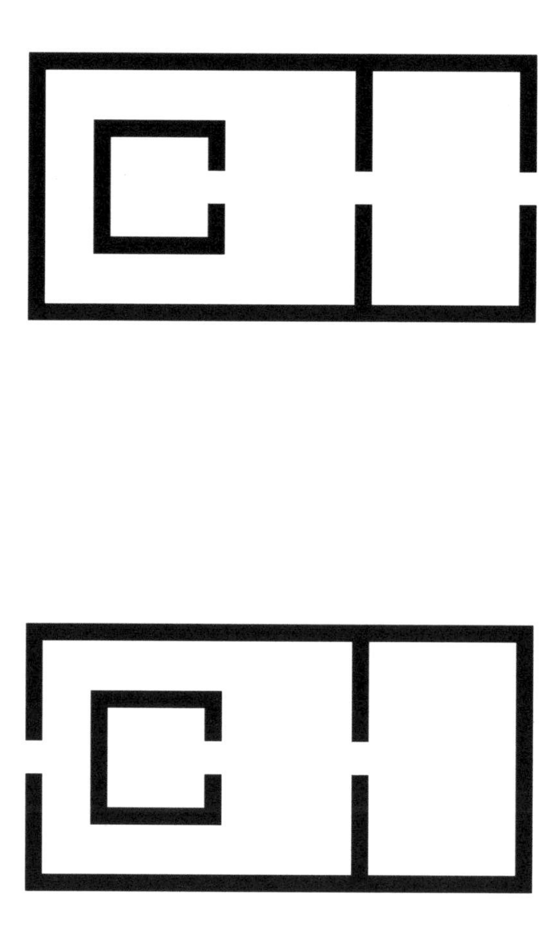

Das Modul – Umraum

Dem addierten Raumteil wird allein durch die unterschiedliche Lage des Hauptzugangs jeweils eine unterschiedliche Funktion und Bedeutung im Raumgefüge zugewiesen. Im oberen Beispiel besitzt er die Funktion eines Foyers und bildet den Auftakt zum Hauptraum mit dem eingestelltem Raummodul. Im unteren Beispiel erfolgt der Hauptzugang direkt von außen in den Hauptraum. Der addierte Raum wird zum Nebenraum außerhalb der integrativen Raumsequenz. Während er im oberen Beispiel mit seiner Auftaktfunktion Teil des offenen Gefüges ist, wirkt er im unteren Beispiel an die Figur des integrativen Raumgefüges angehängt.

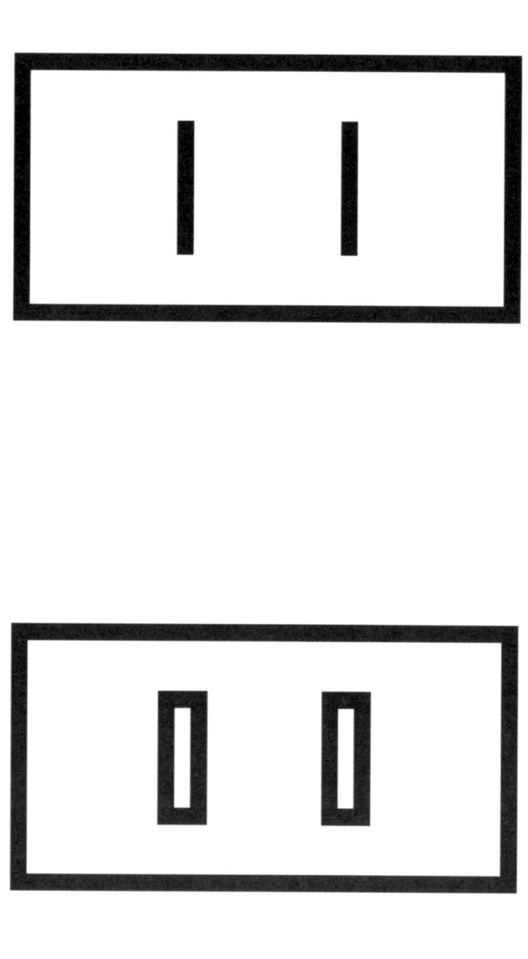

Die Kombination der Raumordnungen II

Im unteren Beispiel werden die teilenden Wände der additiv gefügten Räume von den umgrenzenden Wänden abgelöst und zu raumhaltigen Blöcken erweitert. Die eingestellten Wände werden zu Raummodulen, sodass man von einer Integrativen Raumordnung sprechen kann. Die eingestellten Module sind in ihrer Größe gegenüber den abgetrennten Raumteilen allerdings so untergeordnet, dass im Hinblick auf die Raumgliederung immer noch von einer Additiven Raumordnung gesprochen werden muß. Letztlich verbinden sich hier aber die Eigenschaften der beiden vorgestellten Raumordnungsprinzipien.

Große Raumstrukturen

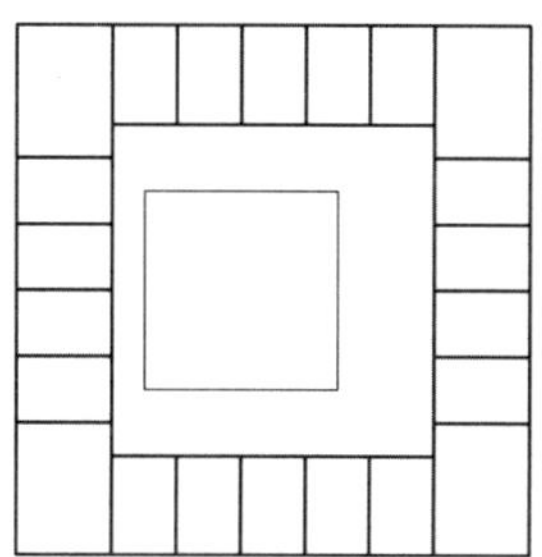

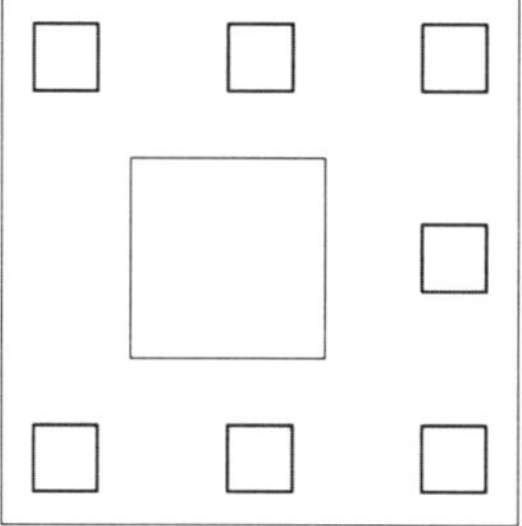

Die große Struktur

Die beiden beschriebenen, komplementären Raummodelle der Additiven und der Integrativen Raumordnung lassen sich sehr gut in kleineren räumlichen Strukturen mit wenigen Raumdifferenzierungen und ähnlichen Raumgrößen aufzeigen. Bei großen Strukturen entstehen, wie beim Oberen der gezeigten Beispiele erkennbar, Hierarchien in der Raumordnung. Während die Gesamtgliederung um einen Innenhof eher auf eine Integrative Raumordnung zu verweisen scheint, so entspricht der umlaufende Flurbereich mit den flankierenden Raumzellen eher einer additiven Raumfügung. Der große Innenhof wird nicht mehr als offener Raum einer durchgehenden Struktur gelesen, da er deutlich größer ist als die übrigen Raumbereiche, sondern eher als die offene Mitte einer umlaufenden Riegelstruktur. Der additive Charakter aneinandergereihter Zellen überwiegt den prägenden Charakter der Raumordnung. Im unteren Beispiel bleibt die Dominanz des um den Innenhof angeordneten Großraums erhalten. Die eingestellten Raumzellen gliedern die zusammenhängende Fläche. Die Integrative Raumordnung ist nicht nur in der Gesamthierarchie, sondern auch in der Untergliederung der umlaufenden Fläche das dominierende Prinzip. Die subtraktive Raumfügung durch eingestellte Körper in einem Gesamtraum bildet eine Integrative Raumordnung. Sowohl der Innenhof, als auch die eingestellten Raumzellen folgen dem gleichen Kompositionsprinzip.

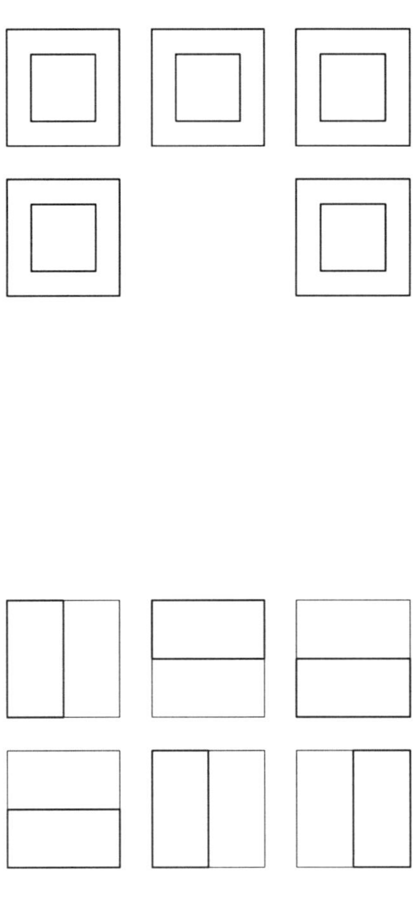

Der Stadtraum

Stadträume haben immer den Charakter einer Integrativen Raumordnung, da die Bebauung in einen Raum unendlicher Weite eingebettet ist und sich dadurch eine natürliche Hierarchie zwischen Umraum und eingestellten Körpern ergibt. Im oberen Beispiel einer Blockrandbebauung erfolgt zudem eine Differenzierung in die zusammenhängende Raumstruktur offener Straßenräume und den von diesen abgetrennten Blockinnenbereichen. Im unteren Beispiel werden Gebäude mit angeschlossenen Freibereichen in ein Netz aus Straßenräumen eingebunden. Die Freibereiche sind Teil des öffentlichen Raums. Die Gebäude können als Körper in einem ‚umfließenden' Raum gelesen werden. Die entstehende Stadtraumhierarchie ist das Grundmodell der Integrativen Raumordnung, bei der in sich abgeschlossene Einheiten in einen größeren Raum eingebunden sind. Die prinzipielle Hierarchielosigkeit Additiver Raumordnungen steht der prinzipiellen, räumlichen Hierarchie Integrativer Raumordnungen gegenüber. Die Integrative Raumordnung entspricht schon im Grundsatz dem Prinzip städtischer Strukturen mit einer Differenzierung in öffentliche und private Raumbereiche. Die Nähe zur stadträumlichen Hierarchie ist eine wichtige Qualität der Integrativen Raumordnung.

Projektbeispiele

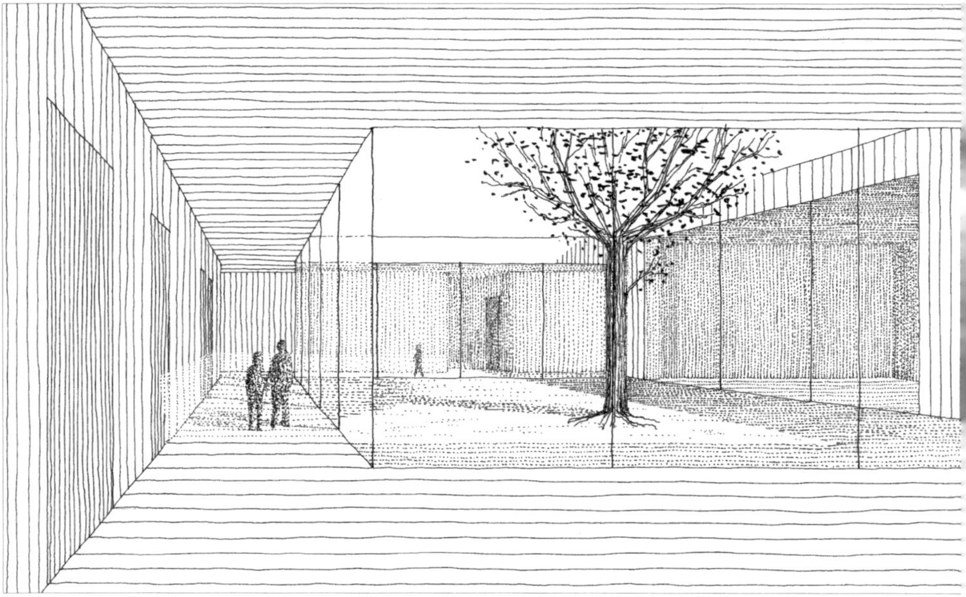

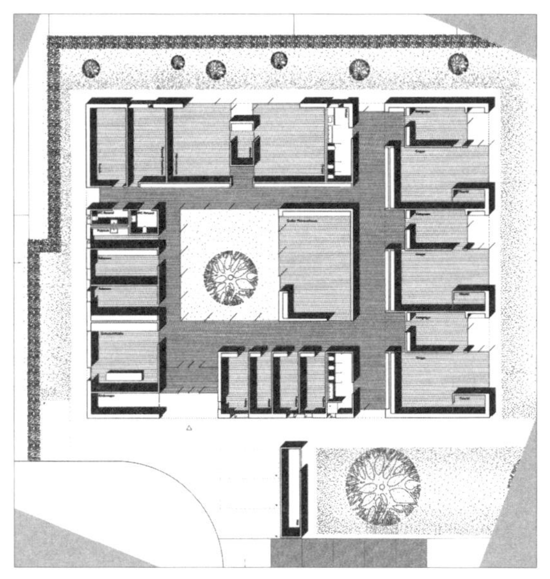

Kindergarten Rottenburg
2010

Am Rand eines Wohngebiets wird ein Kindergarten als eingeschossiges Gebäude mit Atriumhof eingefügt. Er wird als flacher, eingeschossiger Kubus in den Bestand der Ein- und Mehrfamilienhäuser integriert. Die Innenräume werden mit ihrer Erschließung um den großen Atriumhof organisiert. So entsteht eine kleine, nach oben offene Innenwelt, welche die freundliche, lichte Atmosphäre prägt. Der große Mehrzweckraum öffnet sich zu diesem Atriumhof und liegt damit geschützt von der Nachbarbebauung. Die drei Gruppenraumeinheiten nach Osten liegen an einem breiten Flur als interne ‚Straße', die neben dem Innenhof das zweite wichtige raumbestimmende Element darstellt. Durch die Eingeschossigkeit gibt es eine unmittelbare Verbindung zu den Außenbereichen. Im Inneren ist die Erschließung zudem auf einfache Weise barrierefrei. Die notwendige Zonierung erfolgt durch das Atrium. Die Räume sind ihrer Funktion entsprechend im Gebäude angelegt: Das Zimmer der Leitung wird beispielsweise direkt am Eingang angeordnet, die Ruheräume an der geschützten Westseite. Die Sanitärbereiche liegen leicht erreichbar an den Ausgängen zu den Freibereichen.

Das Integrative Raummodell mit der Anordnung um Atriumhof und Saal wird kombiniert mit einem Additiven Raummodell der Gruppenräume entlang einer internen Straße.

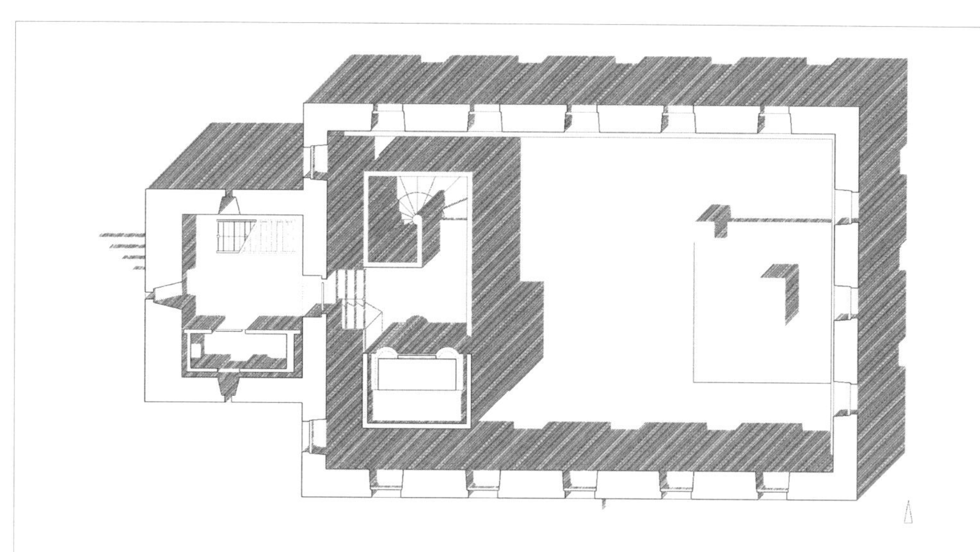

Evangelische Kirche Kaltenbach
2012

Der Innenraum der evangelischen Kirche in Kaltenbach mit seinen Ursprüngen aus dem 12. Jahrhundert wurde zuletzt Anfang der 1960er Jahre tiefgreifend umgestaltet. Die Entfernung der barocken Seitenemporen und die Hinzufügung von Sakristei und Technikräumen im rückwärtigen Teil des Kirchenraums stellen die gravierendsten Änderungen der ursprünglichen Raumgestalt dar. Für den Kirchenraum und den Altarbereich sollten neue Lösungen entwickelt werden und für die Orgel aus dem 19. Jahrhundert musste ein Standort gefunden werden. Die äußere Raumschale des heutigen Kirchenraums ist mit zwei übereinanderliegenden Reihen Lochfenstern durchbrochen. Die regelmäßig perforierte Außenhülle wurde erst durch die Entfernung der Seitenemporen im Innenraum sichtbar. In der freigestellten Raumhülle wird im Hinblick auf die Proportion und den Tageslichteinfall (umlaufend wie bei einer Laterne) eine neue Qualität für die transformierte Raumgestalt des Ursprungsraums gesehen. Um diese Qualität zu stärken, wurden die rückwärtigen Raumteile entfernt und die perforierte Außenhülle auch in diesem Bereich vollständig freigestellt. Die zusätzlich benötigten Nutzungen von Sakristei und Abstellraum werden in einen neuen, kompakten Baukörper integriert, der auch die Orgel trägt. Der Körper steht frei, durch eine räumliche Fuge von den Außenwänden abgelöst, im rückwärtigen Teil des Kirchenraumes. Durch die Freistellung kann die ursprüngliche Raumdimension erfahren werden.

Die neue Raumgliederung erfolgt durch die Strategie einer Integrativen Raumordnung. Der Ursprungsraum bleibt ablesbar. Es werden Hierarchien im Raumgefüge gebildet.

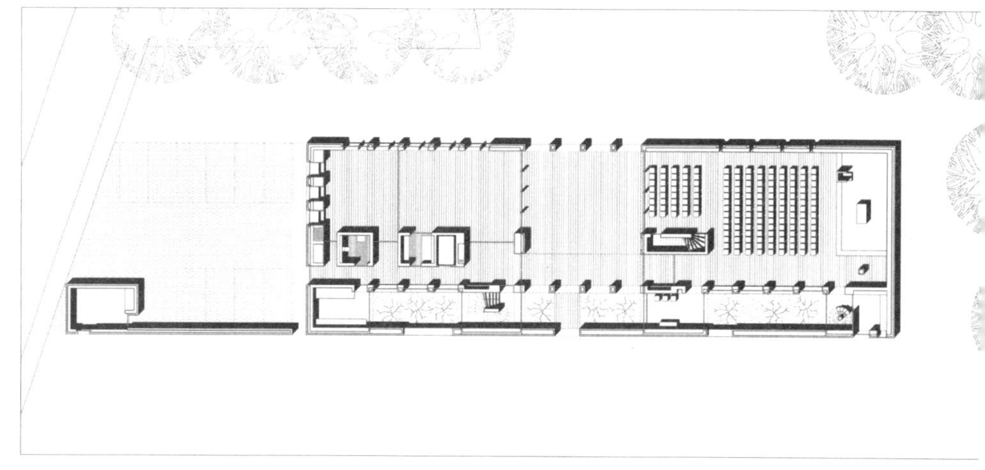

Petrus-Jakobus-Kirche Karlsruhe
2011 – 2017

Auf dem Grundstück der zusammengelegten Petrus-Jakobus-Gemeinde in der Karlsruher Nordweststadt sollte eine neue evangelische Kirche mit Gemeindehaus errichtet werden. Neben dem Gemeindezentrum waren auf dem Grundstück 21 Wohnungen mit einem städtebaulichen Gesamtentwurf zu planen. Kirche und Gemeindehaus werden auf einem langgestreckten Baufeld über die gesamte Breite der Grundstücksfläche in Ost-West-Richtung plaziert. Dieses grenzt südlich an den Quartiersplatz an, über den auch die fußläufige Erschließung erfolgt. Im Süden des Gemeindezentrums gliedert sich die neue Wohnbebauung an. Im Innenraum entsteht eine Raumfolge, die von einer Silhouette geneigter Dachflächen begleitet wird. Sie beginnt mit dem Altarbereich im Osten und es folgt auf den Kirchenraum ein offener Gemeindehof, an den der Gemeindesaal anschließt, der die Raumflucht der Kirche im Westen weiterführt. Die lineare Raumentwicklung eröffnet vielfältige Erweiterungsmöglichkeiten und den Zusammenschluss von Teilräumen in Ost-West-Richtung. An der Südfassade des Gemeindezentrums liegt ein Raumband, das begrünte Höfe einschließt, die eine Distanzzone zur Wohnbebauung bilden. Zudem nimmt es besondere Nutzungen wie zum Beispiel die Sakristei und einen Andachtsort auf.

Die Raumgliederung folgt einem additiven Raumschema, das allerdings durch den Innenhof ein Zentrum erhält. Die Innenhöfe der südlichen Raumspange sind ebenfalls additiv an die nördliche Struktur angelagert. Sie übernehmen aber teilweise die Funktion eines geschützten Atriumhofes. Die Gliederung der Innenräume erfolgt durch Elemente, die ihrerseits raumhaltig sind. Hier werden Elemente einer Integrativen Raumordnung eingefügt.

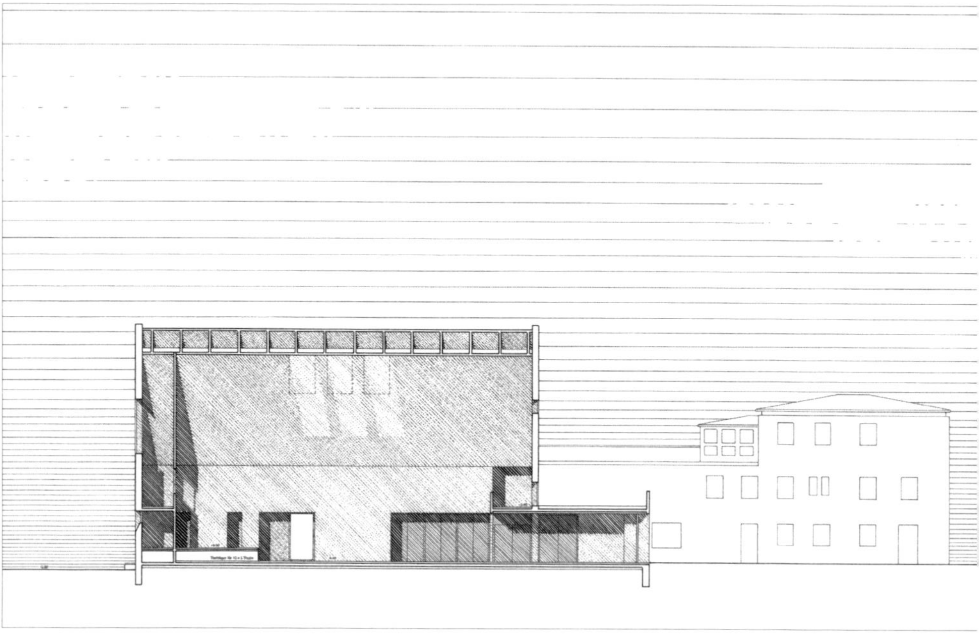

Gemeinde- und Bürgersaal Lutherhaus Schwetzingen
2005

Nach einem Brand sollte ein Gemeindesaal für etwa 300 Personen in der Innenstadt von Schwetzingen neu aufgebaut werden. Zur Verfügung stand die Fläche zwischen dem erhaltenen Längsflügel mit Gemeinderäumen und der Kirche. Der Saal sollte auch als Bürgersaal von der Stadt Schwetzingen genutzt werden. Die Altstadtsituation und die Nähe zum Schloss sollten mitberücksichtigt werden. Es wird vorgeschlagen, mit dem Saal die historische Straßenflucht wiederherzustellen, indem er als 'Haus' giebelständig an die Straße gebaut wird. Er öffnet sich gleichzeitig über eigene Vorplatzbereiche zum Eingang des Gemeindehauses und zum Nebeneingang der Kirche. Die große Bühne wird zur Straße orientiert, so dass sich der kleine, abtrennbare Saalteil zu einem Freibereich im rückwärtigen Garten öffnen kann. Über ein großes Fenster zur Straße wird eine Galerie hinter der Bühne indirekt hinterleuchtet. In den zweischaligen Außenmauern des Saals liegen nicht nur die benötigten Lagerräume, sondern es wird auch eine differenzierte, direkte und indirekte Tageslichtführung ermöglicht. Erschließungszonen zwischen den Raumschalen ermöglichen eine vielfältige und lebendige Nutzung von Saal und Bühne.

Charakteristisch für den Saal ist die zweischalige, raumhaltige Außenmauer. Der räumliche Aufbau folgt im Wesentlichen einem Integrativen Raummodell. Dienende Räume und die Treppen zur Erschließung von Bühnenraum und Empore sind in der äußeren Raumschale untergebracht.

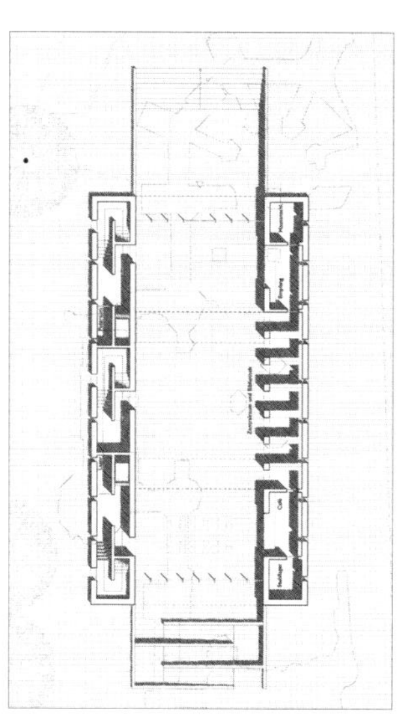
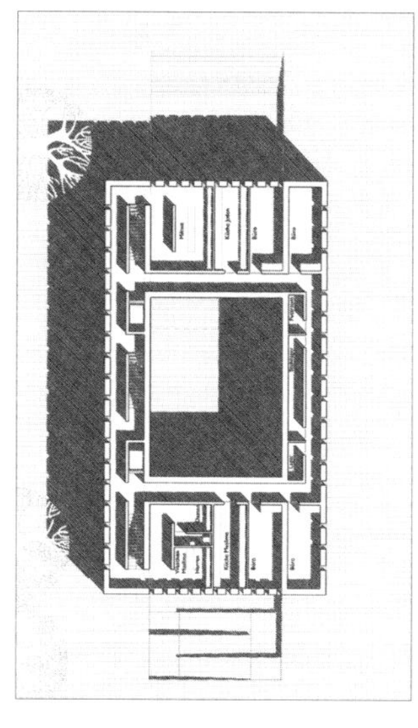
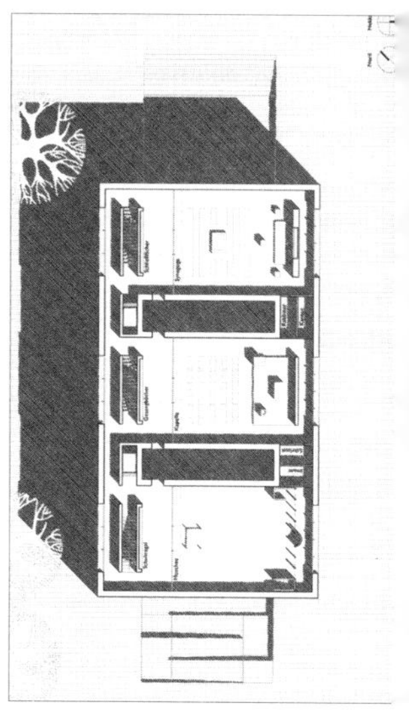

Lehr- und Bethaus Berlin Petriplatz

2012

Das Lehr- und Bethaus ist als sakrales ‚Haus' konzipiert, das als Solitär auf dem Berliner Petriplatz steht. Es war auf dem Grundstück der ehemaligen Petrikirche ein gemeinsames Haus für die drei monotheistischen Religionen ‚Judentum, Christentum und Islam' zu entwerfen. Die gesamte Baumasse ruht auf zwei Doppelwandscheiben. Diese flankierenden Bauteile fassen die Eingangshalle ein und reduzieren die Lastabtragung in dem archäologischen Grabungsfeld auf zwei schmale, streifenförmige Flächen. Die drei Beträume sind im oberen Abschluss des Baukörpers über der Eingangshalle angeordnet. Während sich die Halle in Nord-Süd-Richtung öffnet, sind die Beträume darüber um 90 Grad gedreht und in Ost-West-Richtung orientiert. Sie werden über drei Treppen in der westlichen Doppelwandscheibe mit der Eingangshalle verbunden. Die Zuordnung und Ausrichtung der Haupträume bestimmt Form und Struktur des Lehr- und Bethauses: Die Eingangshalle öffnet sich in den Stadtraum. Der Eingang erfolgt von Norden über die große freie Platzfläche. Der Mittelteil der Halle ist erhöht. Hier fällt Licht von oben zwischen den darüber angeordneten Beträumen ein. Das Haus wird als einladendes Gebäude verstanden, das sich zum Stadtraum öffnet. Im erhöhten Mittelteil der zunächst flachen Halle bildet sich ein eigener, ruhender Raum aus, der vor allem durch die Lichtsituation einen introvertierten Charakter erhält. Hier können gemeinsame Veranstaltungen stattfinden. In der östlichen flankierenden Doppelwand sind Empfang, Bibliothek, Cafétheke und die Nebenräume integriert.

Das Raumschema folgt grundsätzlich einem Integrativen Raummodell, das sich um den zentralen Raum der Halle organisiert. Über die Geschosse ändert sich allerdings die Verbindung der Räume. Eine Additive Raumordnung im Obergeschoss ist mit einer Integrativen Raumordnung im darunterliegenden Geschoss über Treppen und Lufträume vertikal verknüpft.

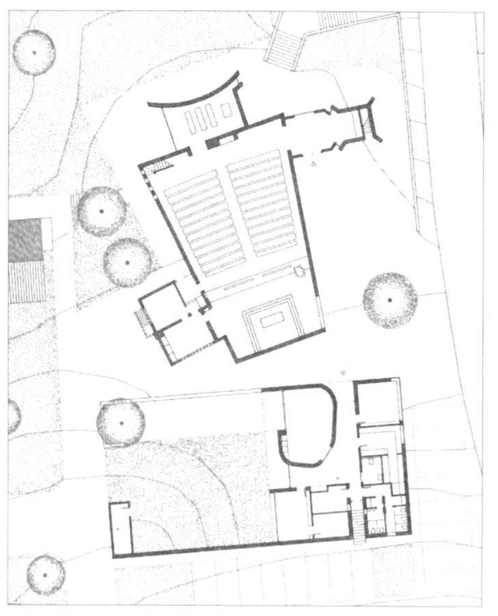

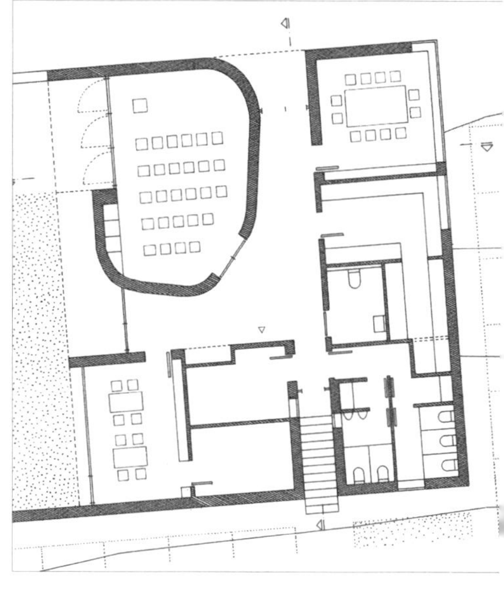

Katholisches Gemeindehaus Mainhardt
2003

Weiße Mauern umschreiben ein eigenständiges Geviert, in dem das Gemeindehaus und die zugeordneten Freibereiche liegen. Zwischenräume und Zugänge binden die geplante Bebauung in den Bestand ein. So wird der Kirchvorplatz an einer dritten Seite nach Süden gefasst. Hier liegt auch der Eingang in das Gemeindehaus gegenüber dem neu geschaffenen Eingang der Kirche. Der Vorplatz wird entsprechend seiner Bedeutung im städtischen Zusammenhang aufgewertet. Zwischen Kirche und Gemeindehaus entsteht eine Gasse, die vom Kirchvorplatz in den rückwärtigen westlichen Gartenbereich führt. Zum Straßenraum hin bildet die Bebauung eine klare Raumkante. Die neue flache Bebauung spricht eine ähnliche Sprache wie die Kirche mit ihren großen, weißen Wandflächen. Zusammen bilden sie eine Einheit, aber durch den liegenden Baukörper wird dennoch eine Polarität zur Plastik des aufstrebenden Körpers der Kirche geschaffen. Es gibt nach außen zum Straßenraum wenige Öffnungen in den weißen Wänden des Gemeindehauses. Die einschwingende, einladende Geste des Haupteingangs erhält großes Gewicht. Die gebogene Wand des Gemeindesaals schafft nicht nur markante Innenraumsituationen im Kontrast zum orthogonalen Wandraster, sondern sie weist auch auf die hervorgehobene Bedeutung des Saals hin, der sich bereits von außen ablesbar andeutet.

Die internen Erschließungsbereiche funktionieren wie ein öffentlicher Straßenraum. Die südliche Innentreppe folgt dem Verlauf des Geländes. Es wird deutlich in der Hierarchie der Raumgruppen unterschieden. Deshalb ist das angewandte Raummodell eher als Integratives denn als Additives Modell zu lesen.

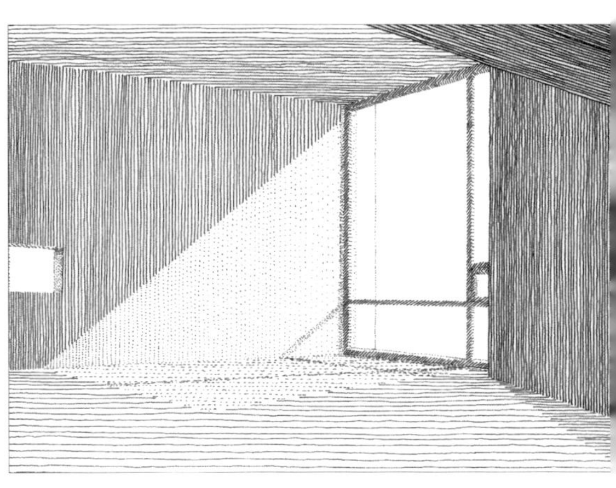

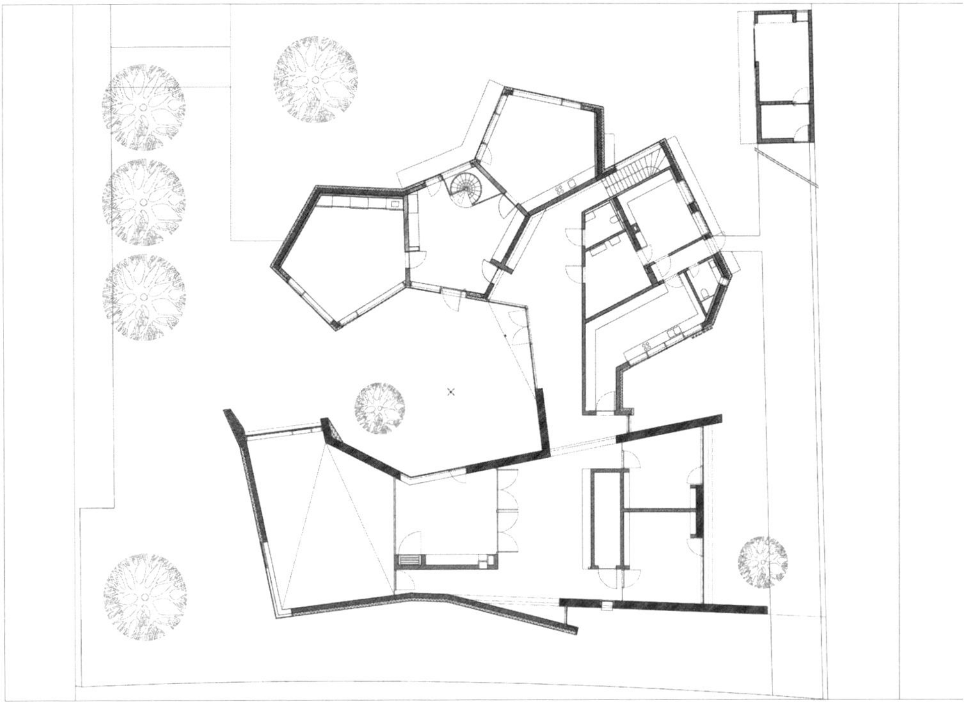

Katholisches Gemeindehaus Riedlingen

2004 – 2006

Das 1972 fertiggestellte Gemeindehaus entsprach weder den heutigen Anforderungen an den Raumbedarf der Gemeinde noch den aktuellen bautechnischen Standards. Den Teilnehmern eines Architektenwettbewerbs war freigestellt das bestehende Haus abzureißen und neu zu bauen oder alternativ die bestehende Bausubstanz ganz oder in Teilen weiter zu verwenden. Die Gemeinde hatte allerdings eine neue Trennung in Jugend- und Erwachsenenbereich vorgegeben. Der Vorschlag sieht vor, die bestehende Bausubstanz in großen Teilen zu erhalten. Lediglich der alte Gemeindesaal steht einer Weiterentwicklung der Gebäudestruktur im Weg und wird deshalb entfernt. In einfacher Bauweise mit weiß verputzten Wandscheiben wird an Stelle des Saals im Süden eine neue Ergänzung vorgeschlagen, die einen zentralen Innenhof bildet, an dem die Eingänge liegen und der von der stark befahrenen Straße geschützt ist. Der neue Gemeindesaal orientiert sich zu diesem zentralen Gemeinschaftshof. Die Nichtorthogonalität des Bestands wird durch die Ergänzung neu interpretiert. Der Wegführung im Gebäude und der Tageslichtführung kommt eine große Bedeutung zu.

Die Raumstruktur folgt einem additiven Prinzip. Allerdings erhält das Raumgefüge durch die Schaffung eines offenen Innenhofs einen weiteren Raum, sodass es viele Merkmale eines Integrativen Raummodells aufweist. Dadurch, dass der äußere Hofzugang den Umgang im Gebäude unterbricht und die flankierenden Endräume bereits abgeschlossen sind, kann aber genau genommen nicht mehr von einem Integrativen Modell gesprochen werden.

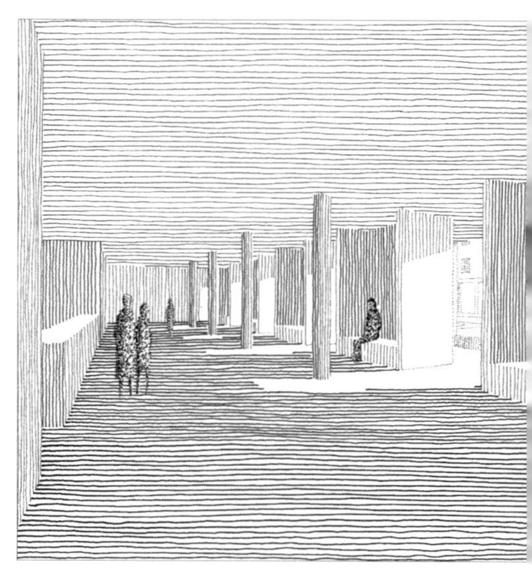

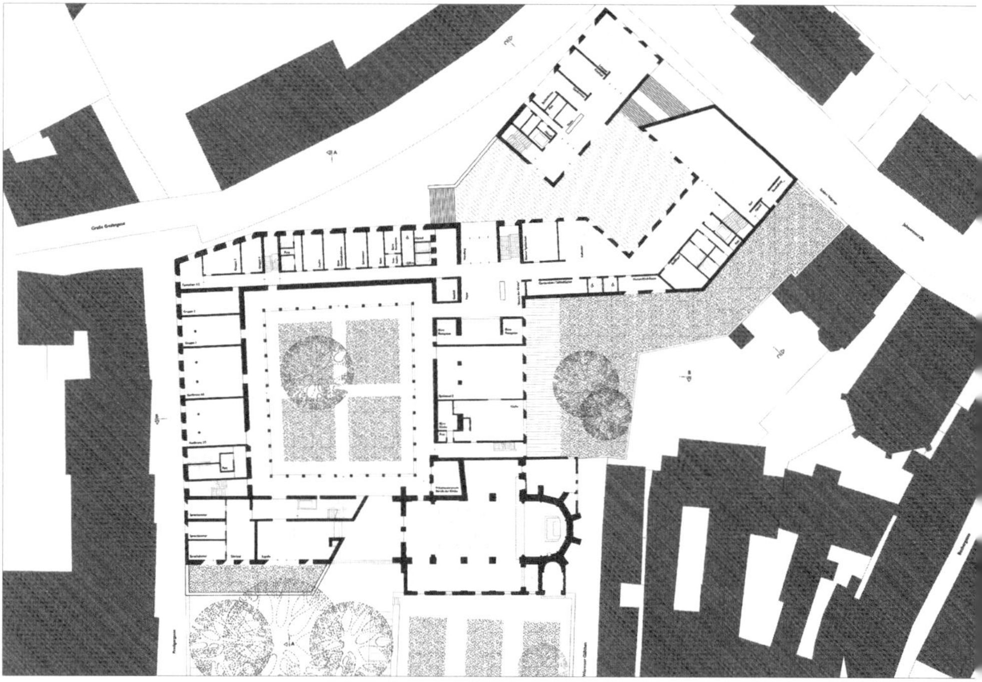

Bistumshaus Speyer
2010

Das Bistumshaus der Diözese Speyer sollte im Rahmen eines Wettbewerbs in ein zentrales Tagungshaus mit Bibliothek und Priesterseminar umgewandelt werden. Die Kirche aus dem Jahr 1308 war zu integrieren. Der Bestand ist immer wieder weitergebaut worden. Ein Rückbau in Teilen war möglich. Es wird vorgeschlagen, den ehemaligen Klosterhof mit dem Kreuzgang als zentralem Erschließungselement wieder erfahrbar zu machen. Die ursprüngliche Kubatur der Kirche wird in der Verlängerung durch ein ergänztes Seminargebäude erlebbar und somit das stadträumliche Bild der ursprünglichen Anlage wieder hergestellt. Dem abgeschlossenen Innenhof wird ein zweiter, um 45 Grad gedrehter, öffentlicher Eingangshof gegenübergestellt, der in den Stadtraum geöffnet und eingebunden ist. Durch die beiden Höfe wird die Gesamtanlage sinnfällig geordnet und strukturiert. Öffentlichkeit und Privatheit sowie Ruhe und Kontemplation als auch Versammlung und Kommunikation erhalten ihre prägnanten Orte in der Gesamtanlage des Bistumshauses. Die neuen Ergänzungen nehmen mit ihren Fassaden Bezug auf die klassischen Lochfassaden des Bestandes. Das Bild der historischen Innenstadt von Speyer wird mit dem Bistumshaus weitergeführt.

Die Hofräume greifen das historische Kreuzgangmotiv auf, das als klassisches Beispiel für eine Integrative Raumordnung steht. Die Unterscheidung in einen privaten und einen öffentlichen Hofraum ist das zentrale Motiv der gesamten Anlage.

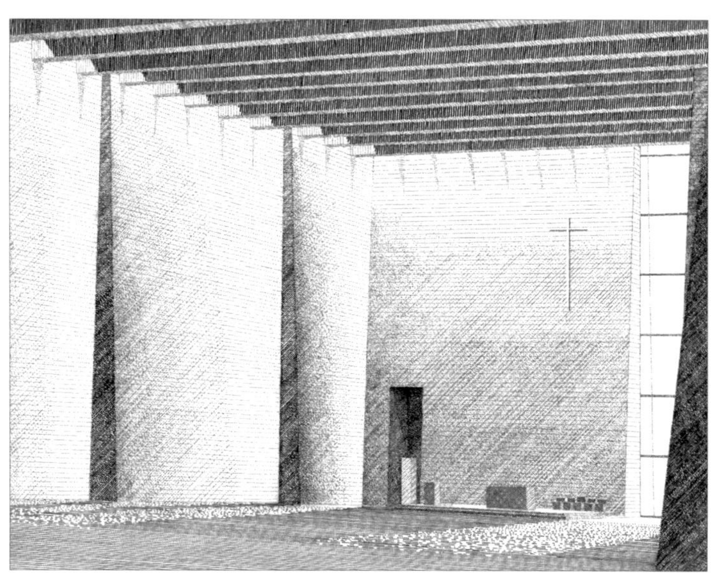

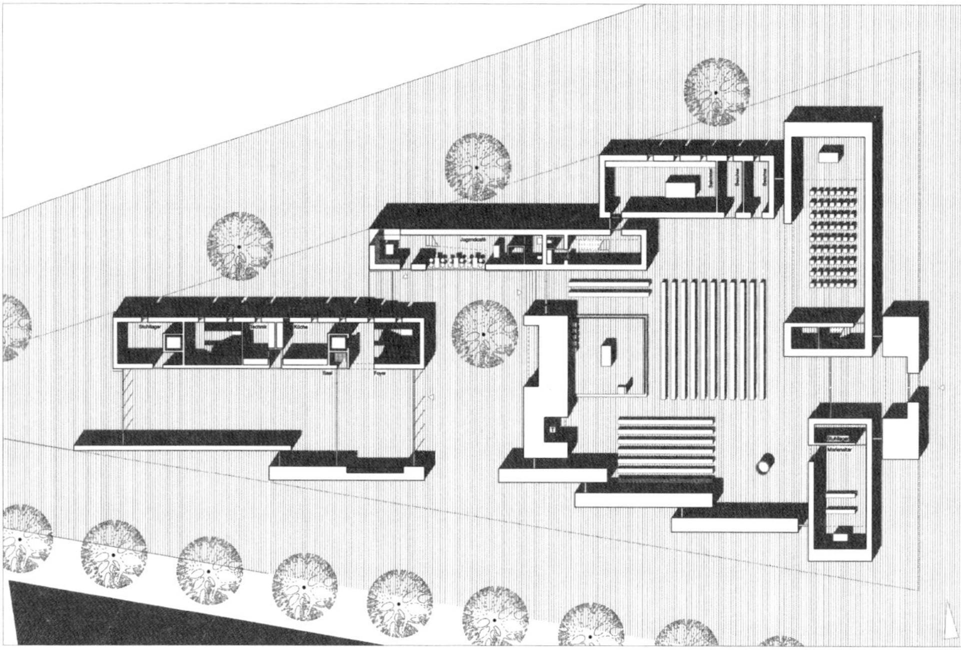
Stuhllager
Technik
Küche
Saal
Foyer
Marienaltar

Trinitatiskirche Leipzig
2009

Die katholische Kirchengemeinde in Leipzig wollte im Stadtzentrum von Leipzig eine neue Propsteikirche bauen. Außerdem wurden ein Gemeindezentrum mit Saal und Büroräumen sowie vier Wohnungen benötigt. Der Kirchenraum wird durch frei stehende Wandscheiben eingefasst, die als steinerne Stelen ausgebildet sind. Die höchste Wandscheibe bildet den Turm und markiert die stadträumlich wichtige Kreuzung. Mit zwei weiteren Stelen bildet der Turm die große Eingangsfassade am Wilhelm-Leuschner-Platz. Es entsteht nicht nur ein markantes und einprägsames Erscheinungsbild im Stadtraum, sondern die Wandscheiben der Portalfassade verweisen in ihrer ‚Dreiheit' auch auf den Namen der Kirche ‚Sankt Trinitatis'. Innenräumlich bildet der Altar vor der zugehörigen Wandscheibe das Gegenüber zum Eingangsportal. Der Weg durch den Kirchenraum führt über das Portal bis zur Altarwandscheibe, die von außen durch ihre größere Höhe sichtbar im Zentrum der Anlage steht. Zwischen Kirche und Gemeinderäumen entsteht ein kleiner, geschützter Innenhof, der Kirche und Gemeinderäume verbindet. Die Wandscheiben orientieren sich an den Traufhöhen der angrenzenden Bebauung und führen den städtischen Maßstab weiter. Sie gliedern die Baumassen und geben der Kirche im Stadtbild das nötige Gewicht. Durch ihre Verjüngung nach oben stellen sie innen wie außen plastisch die Verbindung von ‚Himmel und Erde' dar. Sie schließen den Kirchenraum ab, jedoch entsteht durch die Spalten gleichzeitig ein offenes Raumgefüge, das durchlässig und einladend ist.

Die Raumordnung folgt dem Integrativen Raummodell, bei dem die raumbildenden und raumteilenden Steinstelen selbst wiederum raumhaltig sind.

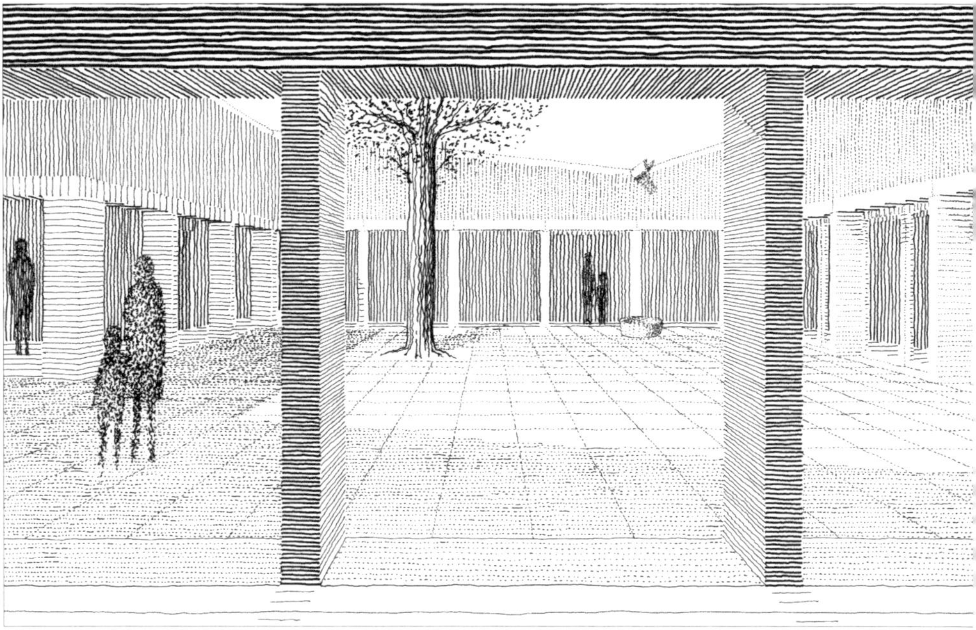

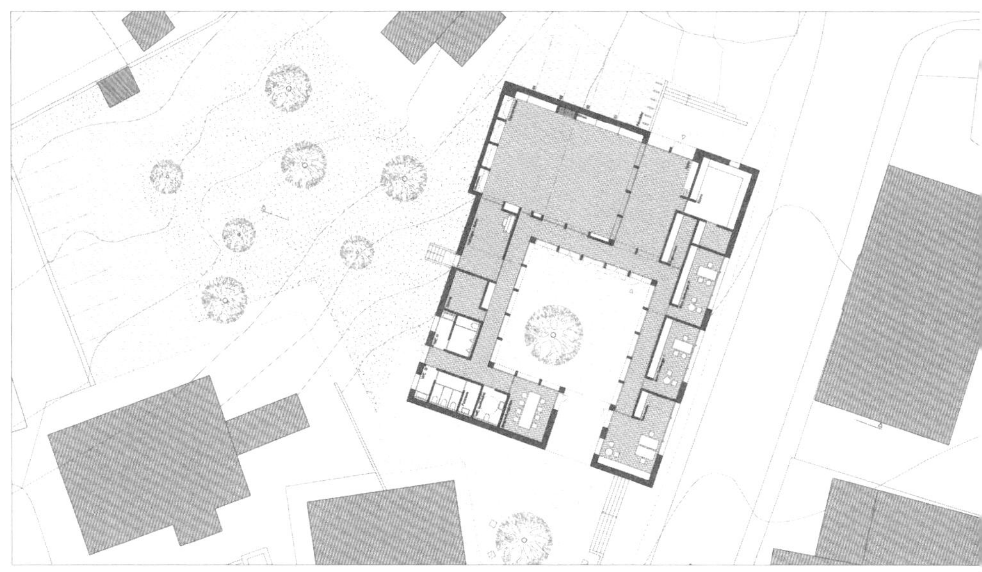

Ökumenisches Gemeindehaus Fahrenbach
2019

Neben der evangelischen Kirche in Fahrenbach sollte ein Gemeindehaus gebaut werden, das von der evangelischen und der katholischen Kirchengemeinde – beide in Fahrenbach ansässig – gemeinsam genutzt werden kann. Die benachbarte evangelische Kirche wurde 1826 im Stil von Friedrich Weinbrenner erbaut. Während sie unmittelbar südlich an das Baufeld anschließt, befindet sich die katholische Kirche auf der anderen Seite, nördlich vom Baufeld, etwa hundert Meter entfernt. Der Entwurfsvorschlag im Rahmen eines Wettbewerbs sieht vor, die beiden Lagen der Kirchengebäude im neuen ökumenischen Gemeindehaus durch zwei Eingänge zu thematisieren und räumlich erfahrbar zu machen. In einem gemeinsamen Innenhof treffen die Zuwege aufeinander: Von Süden gibt es einen offenen Eingang in den Hof, während von Norden der Zugang in das Gebäude erfolgt. Zum Hof gibt es gegenüberliegend außerdem einen zweiten, südlichen Zugang. Angehörige beider Konfessionen können – jeweils von ihrer Kirche kommend – das Gemeindehaus unmittelbar betreten. Der Aspekt der Begegenung in der offenen Mitte wird zum räumlichen Narrativ.

Die Raumordnung folgt mit dem zentralen Atriumhof dem Integrativen Raummodell, wobei der Umgang am südlichen Durchgang unterbrochen ist. Allerdings besteht über zwei gegenüberliegende Wandöffnungen im Durchgang eine Sichtverbindung, so dass der Umgang immer noch nachvollzogen werden kann (siehe S. 57). Die flankierenden Räume sind nach dem additivem Prinzip gereiht.

Sozialstation Sonderhofen
2019

In dem kleinen Dorf Sonderhofen mit etwa 850 Einwohnern sollte in einer Kooperation zwischen der Dorfgemeinde und der katholischen Kirche eine Sozialstation im Anschluss an einen bestehenden Kindergarten geplant werden. Das Grundstück wurde bislang landwirtschaftlich genutzt. Die Einrichtung sollte Familien die nötige Infrastruktur vor Ort bieten und so einen Zuzug in das Dorf attraktiver machen. Durch die Station sollte auch der Kindergarten erweitert werden und es sollte darüberhinaus eine Schüler-Nachmittagsbetreuung geben. Ebenfalls schließt sich eine Tagespflege für pflegebedürftige, ältere Menschen zusammen mit mobiler Pflege an. Alle Generationen werden in dem Gebäude vereint, das aus einer modular aufgebauten Struktur von Satteldach-Baukörpern in Holzbauweise besteht und sich eingeschossig in die landwirtschaftlich geprägte, dörfliche Umgebung einfügt. Die Gebäudeteile mit Kindergarten und Schülerbetreuung bestehen aus einer linearen, wechselseitig um Höfe mäandrierenden Struktur, während die mobile Pflege und die Altenbetreung mit einem Atriumhof den Abschluss der Sozialstation bilden. Über die Generationen hinweg kann ein Austausch stattfinden.

Die Gebäudestruktur verbindet Elemente einer Additiven Raumordnung mit denen einer Integrativen Raumordnung und erzeugt so trotz des gemeinsamen Grundrasters eine vielfältige Raumstruktur. Die Vorteile beider Raumordnungen werden genutzt. Der eher intime Ort der Gemeinschaft der Tagespflege und -betreuung verbindet sich mit einer nach außen geöffneten, additiven Raumstruktur, die sich über Höfe mit der Umgebung räumlich verzahnt.

„Der Architektonische Raum“ von Dom Hans van der Laan

Dom Hans van der Laan (1904–1991) war ein niederländischer Architekt, der eine der bedeutenden Architekturtheorien des 20. Jahrhunderts verfasst hat mit dem Titel „Der Architektonische Raum“.[14] Vor dem Hintergrund des großen Interesses zum Thema ‚Raum' in der Architektur ist in den letzten Jahren auch die Schrift von van der Laan besonders beachtet und häufig rezipiert worden. Nachfolgend soll seine Raumtheorie diskutiert werden, um weiteres Interesse an ihr zu wecken. Aus vier Gründen verdient seine Theorie ganz besonders ein großes Interesse:

1.
Er führt umfassend in die Begrifflichkeiten zum Thema ‚Raum' in der Architektur ein und stellt detailliert und mit wissenschaftlicher Kohärenz einen inhaltlichen Zusammenhang vom einzelnen wandbildenden Bauteil bis hin zum städtebaulichen Maßstab her. Schließlich schlägt er einen Bogen von der philosophischen Betrachtung der Grundfragen der menschlichen Existenz bis hin zur Frage des Raums in der Architektur.

2.
Ausgangspunkt seiner Herleitungen zum Raumbegriff ist das Bauteil der Wand, das mit seiner Form und Dimension den Raum bildet. Im Gegensatzpaar ‚Voll' und ‚Hohl' stellt er die Wand als raumbegrenzendes Bauteil zum Beispiel dem Raum zwischen zwei Wandscheiben gegenüber. Das Bauteil der Wand wird in seiner entscheidenden Bedeutung für die Architektur umfassend untersucht, dargestellt und damit gewürdigt.

3.
Er leitet von der Dimensionierung der Wanddicke die Raumgrößen ab, die durch sie gebildet werden und bezieht in letzter Konsequenz auch

den städtischen Maßstab auf die Dimensionierung der Konstruktion der raumbildenden Wand. Mit einem von ihm entwickelten und hergeleiteten Proportionssystem zur Formbildung leistet er einen wichtigen Beitrag zur Theorie der Proportion, auch wenn seine Herleitungen nicht immer ganz einfach nachvollzogen werden können.

4.

Ausgangspunkt seiner Überlegungen sind Axiome, die er durch Proportionssysteme ableitet, die aber letztlich auch auf subjektiven Erfahrungen beruhen, wie etwa die Ableitung, dass die Raumbreite das siebenfache Maß der Dicke der Wand haben muss, durch die sie gebildet wird, damit der Raum wirksam wird.[15] Als Architekt hat van der Laan selber nur wenige Bauten realisieren können, die aber alle von höchster Architektur-Qualität sind und an denen die Wirkung seiner Theorie praktisch nachvollzogen und studiert werden kann – etwas, das man nicht von allen Theorien zur Architektur in gleicher Weise behaupten kann. Seine Architekturtheorie, mit dem Bauteil der Wand im Zentrum der Betrachtung, steht für eine Architektur, die wesentlich von einer ‚romanischen Raumwirkung' abgeleitet ist mit einem größtmöglichen Gegensatz zwischen ‚Innen' und ‚Außen'.

Wie bei allen bedeutenden Theorien, werden auch bei seiner Theorie zum architektonischen Raum inhaltliche Fokussierungen vorgenommen, aber in der Umkehrung auch Phänomene eher ausgeblendet, die für seine Herleitung weniger bedeutend erscheinen oder seiner Theorie sogar widersprechen. An den nachfolgenden fünf Punkten wird aufgezeigt, dass van der Laans Theorie an solchen Stellen diskutiert werden kann:

1.

Für van der Laan ist die Architektur auf sich selbst bezogen und nach eigenen Regeln abgeleitet. Zwar setzt er die Natur begrifflich in eine Relation zum umschlossenen architektonischen Raum. Aber der menschliche Maßstab spielt in seiner Theorie überraschenderweise nur eine untergeordnete Rolle, ganz im Gegensatz etwa zum Modulor von Le Corbusier (1887–1965), bei dem der menschliche Maßstab der Ausgangspunkt aller Herleitungen ist. Van der Laan erwähnt den menschlichen Maßstab in seiner Theorie nur wenige Male und bleibt in seinem maßlichen Bezug zur Raumgröße eher wage. Er spricht etwa von „drei, vier und fünf Metern" als benötigtem Handlungsraum, aus dem sich eine Zellengröße ableiten lässt, die dann wieder mit den Abmessungen der sie begrenzenden Bauteile korrespondiert.[16] Van der Laan versteht den Raumbegriff letztlich als losgelöst von der Funktion. Dem Menschen kommt als Urheber zwar eine besondere Bedeutung zu. In letzter Konsequenz ist der Raum aber unabhängig von einer konkreten Nutzung durch den Menschen. Der Raum gründet zwar in der menschlichen Existenz, aber er bildet ein autonomes Gegenüber.

2.

Van der Laans Raumtheorie findet ihren Ausgangspunkt im Bauteil der Wand und deshalb bezieht er seine Proportionslehre zunächst auf die Proportionen der Bauteile und nicht unmittelbar auf diejenige durch sie gebildete Raumschale. Nur mittelbar, abgeleitet von den raumbegrenzenden Bauteilen, macht er Aussagen zum Verhältnis ‚Länge, Breite und Höhe' des umschlossenen

Raumvolumens selbst.[17] Die horizontale Ausdehnung der Räume wird allerdings präzise in eine Beziehung zu Bauteilen gesetzt, die sie bilden, zumindest was die Raumbreiten betrifft.

3.

Die Verbindung vom Innen zum umgebenden Außen spielt für van der Laan in soweit eine Rolle, als dass er in einer deutlich ausgebildeten Abgrenzung eine Vorraussetzung für eine starke Raumwirkung sieht. Zwar geht er von einem Gesichtsfeld aus, das über die Raumzelle hinaus die nächst höhere Raumordnung wahrnehmen kann.[18] Diese Wahrnehmung aus der Zelle als menschlichem Aktions- und Bewegungsraum heraus bedingt auch Wandöffnungen in den Zellenwänden. Bei der Erklärung zur Bedeutung der Öffnungen spricht er die Sichtverbindung zwischen Innen und Außen aber erstaunlicherweise nicht an. Stattdessen sind Wandöffnungen nach van der Laan lediglich notwendig, um einen Raum überhaupt betreten und somit erfahren zu können. Außerdem ermöglichen sie eine Wahrnehmung der Wanddicke, die erst dadurch mit dem Raummaß in Bezug gebracht werden kann. Schließlich dienen Wandöffnungen auch zur Gliederung und Proportionierung der Wandbauteile. Eine offene Verbindung von Innen und Außen, die seit der Renaissance und besonders in der Moderne an Bedeutung gewinnt, schmälert nach van der Laans Theorie sogar eher die Wirkung eines umschlossenen Raums.

4.

Van der Laan geht in seiner Theorie von einer statischen Raumwahrnehmung aus. Zwar spricht er vom Aktionsraum, dem er die kleinste Raumeinheit, die Zelle, zuschreibt,[19] aber die Erfahrbarkeit eines Raums oder einer Raumsequenz durch die Bewegung des eigenen Körpers im Raum kommt in van der Laans Raumtheorie abgesehen von einer Randbemerkung praktisch nicht vor.[20] Folglich wird auch die Lage von Raumöffnungen zur Gestaltung und Leitung der Bewegung im Raum nicht thematisiert. In der vorliegenden Schrift werden dagegen Raummodelle insbesondere nach den Kriterien des Innen-Außen-Bezugs und nach der Wahrnehmung von Raumsequenzen über die Bewegung im Raum untersucht.

5.
Van der Laans Theorie behandelt die Wand als massives Bauteil, beispielsweise als Mauer konstruiert. Auf ‚leichte' Bauweisen wie etwa die Skelettbauweise kann seine Theorie und die darin enthaltene Proportionslehre nur bedingt angewendet werden.[21]

Auch wenn van der Laan seine Theorie im 20. Jahrhundert verfasst hat, muss sie doch als eine Theorie verstanden werden, die auf dem klassischen Raumverständnis des eindeutig gefassten Raums beruht. Die geschlossene Wand mit ihrer eindeutigen Abgrenzung ist zwar heute noch Grundlage des Bauens, aber die vielfältigen Ansätze seit dem 20. Jahrhundert, die Grenze zwischen Innen und Außen in der Architektur zurückzunehmen oder sogar zu überspielen, teilt van der Laan nicht. Auch die Unschärfe, die in der Raumbegrenzung etwa durch teildurchlässige Wandbauteile entsteht, passt in ihrer fehlenden Eindeutigkeit nicht zu van der Laans Raumverständnis. Die Vieldeutigkeit von Raumübergängen, wie sie etwa in der Theorie von Joedicke anklingt, widerspricht seinem Verständnis von Klarheit und Eindeutigkeit. Aber gerade in seinem klassischen Verständnis vom Raum und mit dem Ausgangspunkt seiner Überlegungen im einfachen Bauteil der geschlossenen Wand, gelingt es van der Laan nachdrücklich, uns die Kraft der durch Mauern gebildeten Räume seit dem Beginn des Bauens vor Augen zu führen.

Literatur

- Bergh, Wim van den: *Wand und Raum,* in: Der Architekt, Nr. 4, Berlin 2016, S. 35 ff.

- Denk, Andreas; Schroeder, Uwe; Schützeichel, Rainer (Hg.): *Architektur, Raum, Theorie*, Tübingen / Berlin 2016

- Joedicke, Jürgen: *Raum und Form in der Architektur,* Stuttgart 1985

- Kahn, Louis: Mitschnitt einer Diskussion zu drei Projekten, 1961 in seinen Büroräumen. Veröffentlicht in: Perspecta 7, The Yale Architectural Journal, 1961, S. 9 ff.

- Laan, Dom Hans van der: *De architectonische ruimte*, Leiden 1977. Deutsch: *Der architektonische Raum,* Leiden / New York / Köln 1992

- Meisenheimer, Wolfgang: *Das Denken des Leibes und der architektonische Raum,* Köln 2004

- Schubert, Karsten: *Körper, Raum, Oberfläche*, Berlin 2016

- Tzonis, Alexander; Lefaivre, Liane: *Classical architecture. The poetic of order,* Cambridge Massachusetts, 1986. Deutsch: *Das Klassische in der Architektur, Die Poetik der Ordnung,* Braunschweig / Wiesbaden 1987

- Ungers, Oswald Mathias: *Prinzipien der Raumgestaltung – Berufungsvortrag TU Berlin 1963,* in: Mühlthaler, Erika (Hg.): *Lernen von O.M. Ungers,* Berlin 2006: archplus 181 / 182, S. 30 – 47

Endnoten

1 Denk; Schroeder; Schützeichel, 2016 / Meisenheimer, 2004 / Schubert, 2016 / Ungers, 2006

2 van der Laan, 1992

3 Der Begriff ‚Additive Raumordnung' ist zu unterscheiden von den Begriffen der ‚additiven Raumbildung' nach Karsten Schubert und der ‚additiven Raumfügung' nach Paul Frankl.
Siehe: Schubert, 2016, S. 413 ff. und S. 493 ff.

4 van der Laan, 1992, S. 47

5 van der Laan, 1992, S. 163

6 van der Laan, 1992, S. 164 f.

7 van der Laan, 1992, S. 164

8 van der Laan, 1992, S. 46

9 Joedicke, 1985, S. 10 ff.

10 Joedicke, 1985, S. 18

11 Schubert, 2016, S. 360

12 Kahn, 1961. Kahn spricht darin zum ‚Goldberg House' über „servant areas" und „areas served".

13 Tzonis; Lefaivre, 1987, S. 22 ff.

14 van der Laan, 1992

15 van der Laan, 1992, S. 152

16 van der Laan, 1992, S. 166

17 van der Laan, 1992, S. 150

18 van der Laan, 1992, S. 28 ff.

19 van der Laan, 1992, S. 27 ff.

20 van der Laan, 1992, S. 53

21 van den Bergh, 2016

Peter Krebs

geboren 1965, Studium an der Rheinisch-Westfälischen Technischen Hochschule Aachen; Mitarbeit im Architekturbüro Böhm, Köln; betreibt seit 2002 ein Architekturbüro in Karlsruhe; unterrichtet seit 2013 als Professor die Fächer Raumgestaltung und Entwerfen an der Hochschule für Technik Stuttgart. www.krebs-arch.de

Impressum

Text und Zeichnungen: Peter Krebs
Gestaltung: Peter Krebs
Druck: Druckerei Seybold, Waiblingen
Schrift: Gill Sans
Papier: Munken Lynx (400 g / m^2 und 130 g / m^2)

Verlag und Vertrieb:
avedition GmbH
Publishers for Architecture and Design
Senefelderstraße 109
70176 Stuttgart
www.avedition.de

ISBN 978-3-89986-375-8

Die Deutsche Nationalbibliothek verzeichnet diese Publikation in der Deutschen Nationalbibliografie; detaillierte bibliografische Daten sind im Internet über http://dnb.de abrufbar.